HORTA ESCOLAR
NO ENSINO FUNDAMENTAL
VIVÊNCIAS AGROECOLÓGICAS

MÁRCIA REGINA FARIAS DA SILVA
CARLOS ALDEMIR FARIAS DA SILVA
NILDO DA SILVA DIAS

ORGANIZADORES

HORTA ESCOLAR
NO ENSINO FUNDAMENTAL
VIVÊNCIAS AGROECOLÓGICAS

2024

Copyright © 2024 Márcia Regina Farias da Silva

Direção editorial: VICTOR PEREIRA MARINHO & JOSÉ ROBERTO MARINHO
Coordenadores da coleção: MÁRCIA REGINA FARIAS DA SILVA & NILDO DA SILVA DIAS
Revisão: AFFONSO HENRIQUES REAL NUNES
Revisão de prova: OS ORGANIZADORES
Design editorial, programação para ePub e capa: WALDELINO DUARTE

Texto em conformidade com as novas regras ortográficas do Acordo da Língua Portuguesa.

Dados Internacionais de Catalogação na Publicação (CIP)
(Câmara Brasileira do Livro, SP, Brasil)

Horta escolar no ensino fundamental: vivências agroecológicas / organização Márcia Regina Farias da Silva, Carlos Aldemir Farias da Silva, Nildo da Silva Dias. - São Paulo: LF Editorial, 2024. - (Futuro sustentável)

Vários autores.
Bibliografia.
ISBN 978-65-5563-464-8

1. Agroecologia 2. Comunidade rural 3. Desenvolvimento sustentável 4. Educação ambiental (Ensino fundamental) 5. Hortas 6. Segurança alimentar - Brasil I. Silva, Márcia Regina Farias da. II. Silva, Carlos Aldemir Farias da. III. Dias, Nildo da Silva. IV. Série.

24-212467   CDD-304.2

Índices para catálogo sistemático:
1. Horta escolar: Educação ambiental 304.2
Eliane de Freitas Leite - Bibliotecária - CRB 8/8415

Todos os direitos reservados. Nenhuma parte desta obra poderá ser reproduzida, sejam quais forem os meios empregados sem a permissão da Editora. Aos infratores aplicam-se as sanções previstas nos artigos 102, 104, 106 e 107 da Lei n. 9.610, de 19 de fevereiro de 1998.

LF Editorial
www.livrariadafisica.com.br
www.lfeditorial.com.br
(11) 2648-6666 I Loja do Instituto de Física da USP
(11) 3936-3413 I Editora

Autores

Alexandre de Oliveira Lima
Antônia Kaliany da Silva
Carlos Aldemir Farias da Silva
Emanoella Delfino Figueirêdo Reinaldo
Fernanda Rízia Fernandes Rocha
Gabriela Bielefeld Nardoto
João Victor da Costa Praxedes
Luiz Humberto da Silva
Márcia Regina Farias da Silva
Maria da Conceição Farias da Silva Gurgel Dutra
Maria Elisa de Paula Eduardo Garavello
Marlene Yara Tenório Soares
Nildo da Silva Dias
Regina Cleane Marrocos
Sóstenes Fernandes de Barros

Conselho Editorial

Alfredo Marcelo Grigio (UERN)
Carlos Aldemir Farias da Silva (UFPA)
Edson Vicente da Silva (UFC)
Fernando Moreira da Silva (UFRN)
Francisco Souto de Sousa Júnior (UFERSA)
Hans Raj Gheyi (UFRB)
Iran Abreu Mendes (UFPA)
Márcia Regina Farias da Silva (UERN)
Marco Antonio Diodato (UFERSA)
Maria da Conceição Farias da Silva Gurgel Dutra (UFPB)
Maria da Conceição Xavier de Almeida (UFRN)
Maria Elisa de Paula Eduardo Garavello (USP)
Nildo da Silva Dias (UFERSA)
Zoraide Souza Pessoa (UFRN)

À Anchieta, que chegou e partiu deste plano como uma criança (in memoriam).

Às crianças e aos adolescentes, que, como Glória, desejam um mundo mais justo e sustentável.

Aos estudantes, professores(as), bolsistas e estagiários(as) que participaram das atividades de extensão os quais deram origem a este livro.

A HORTA

Horta como o lugar
onde crescem as coisas que,
no momento próprio,
viram saladas,
refogados, sopas e suflês.
Também isso.
Mas não só.
Gosto dela,
mesmo que não tenha
nada para colher.
Ou melhor: há sempre
o que colher,
só que não para comer.
Pois é, horta é algo mágico,
erótico, onde a vida cresce
e também nós, no que plantamos.
Daí a alegria.
E isso é saúde,
porque dá vontade de viver.
Saúde não mora no corpo,
mas existe entre o
corpo e o mundo — é o desejo,
o apetite, a nostalgia,
o sentimento de uma fome imensa
que nos leva a desejar
o mundo inteiro.

Rubem Alves
O Quarto do Mistério

SUMÁRIO

APRESENTAÇÃO 13
Márcia Regina Farias da Silva
Carlos Aldemir Farias da Silva
Nildo da Silva Dias

1 - HORTA ESCOLAR E SEGURANÇA ALIMENTAR EM COMUNIDADE RURAL 19
Márcia Regina Farias da Silva
Carlos Aldemir Farias da Silva
Regina Cleane Marrocos
Sóstenes Fernandes de Barros
Antônia Kaliany da Silva
João Victor da Costa Praxedes

2 - HORTA ESCOLAR: UM LABORATÓRIO VIVO 53
Márcia Regina Farias da Silva
Carlos Aldemir Farias da Silva
Maria da Conceição Farias da Silva Gurgel Dutra
Marlene Yara Tenório Soares
João Victor da Costa Praxedes

3 - HORTA ESCOLAR EM UMA UNIDADE DE CONSERVAÇÃO DE USO SUSTENTÁVEL 71
Márcia Regina Farias da Silva
Carlos Aldemir Farias da Silva
Regina Cleane Marrocos
Fernanda Rízia Fernandes da Rocha

4 - PLANTANDO SE APRENDE A COLHER: A IMPLANTAÇÃO DE UMA HORTA ESCOLAR NO ENSINO FUNDAMENTAL 87
Fernanda Rízia Fernandes Rocha
Márcia Regina Farias da Silva
Maria da Conceição Farias da Silva Gurgel Dutra
Nildo da Silva Dias

5 - HORTA, AGROECOLOGIA E O DIRETO
À SEGURANÇA ALIMENTAR 119
Márcia Regina Farias da Silva
João Victor da Costa Praxedes
Antônia Kaliany da Silva
Alexandre de Oliveira Lima
Maria da Conceição Farias da Silva Gurgel Dutra

6 - HORTAS ESCOLARES COMO ESPAÇOS
DE EDUCAÇÃO PARA A SAÚDE 149
Márcia Regina Farias da Silva
Regina Cleane Marrocos
Carlos Aldemir Farias da Silva
Maria da Conceição Farias da Silva Gurgel Dutra

7 - AGRICULTURA FAMILIAR, SEGURANÇA
ALIMENTAR E NUTRICIONAL E O OBJETIVO DO
DESENVOLVIMENTO SUSTENTÁVEL 2 161
Márcia Regina Farias da Silva
Carlos Aldemir Farias da Silva
Regina Cleane Marrocos
Luiz Humberto da Silva
Nildo da Silva Dias

8 - IDENTIFICAÇÃO DOS HÁBITOS ALIMENTARES EM
COMUNIDADES RURAIS DO SEMIÁRIDO
POTIGUAR - BRASIL 181
Emanoella Delfino Figueirêdo Reinaldo
Márcia Regina Farias da Silva
Gabriela Bielefeld Nardoto
Maria Elisa de Paula Eduardo Garavello

REFERÊNCIAS 213

OS AUTORES 229

APRESENTAÇÃO

Márcia Regina Farias da Silva
Carlos Aldemir Farias da Silva
Nildo da Silva Dias

A implementação de hortas escolares como práticas agroecológicas constitui-se uma estratégia didática importante para o ensino fundamental. Além de promover a sustentabilidade e a conscientização ambiental, as hortas oferecem oportunidades práticas para uma aprendizagem interdisciplinar, integrando Ciências (ciclos naturais – água, fotossíntese, crescimento das plantas e biodiversidade); Matemática (medição de áreas, cálculo de volumes de solo, planejamento de plantio com base em medidas e contagem de plantas); Geografia (climas, solos e importância da agricultura familiar); História (estudo das práticas agrícolas tradicionais e evolução da agricultura, história da alimentação); Língua Portuguesa (leitura e escrita de textos sobre plantas, meio ambiente e sustentabilidade), entre outras disciplinas.

A horta se constitui um microcosmo para o aluno (1) aprender sobre a importância da biodiversidade e do equilíbrio ecológico; (2) compreender a origem dos alimentos e a importância da alimentação saudável; (3) desenvolver práticas de compostagem e manejo sustentável do solo; e (4) contribuir para o desenvolvimento de habilidades práticas em equipe. As hortas promovem, ainda, o diálogo entre escola e comunidade, ao agenciar a participação dos pais e parcerias com agricultores familiares, com trocas de conhecimentos e de recursos.

Neste livro, apresentamos os resultados de estudos, pesquisas científicas e ações de extensão desenvolvidas, entre os anos de 2014 a 2019, por professores pesquisadores e extensionistas de seis universidades públicas brasileiras: Universidade do Estado do Rio Grande do Norte (UERN), Universidade Federal Rural do Semi-Árido (UFERSA), Universidade de São Paulo (USP), Universidade de Brasília (UnB), Universidade Federal da Paraíba (UFPB) e Universidade Federal do Pará (UFPA).

Os estudos realizados no referido período resultaram na elaboração dos oito capítulos que compartilhamos com os leitores; alguns foram apresentados em eventos técnico-científicos e publicados em anais. Todavia, todos passaram por revisão, ampliação e atualização para dar-lhes detalhamentos e maior aprofundamento que outrora não havia sido possível.

As pesquisas e as ações de extensão foram desenvolvidas no âmbito empírico em área rural, urbana e em uma unidade de conservação. Essas unidades empíricas de referências foram selecionadas, visando contribuir para o resgate ou a mudança nos hábitos alimentares da população local, por meio da educação para saúde. Também buscaram incentivar ações voltadas aos cuidados com o meio ambiente, com vistas a promoção de atividades direcionadas ao desenvolvimento sustentável das comunidades participantes ao criar condições favoráveis para que estudantes, professores(as) e toda a comunidade pudessem implementar hortas se utilizando de conhecimentos agroecológicos, com o propósito de subsidiar a alimentação e desenvolver hábitos alimentares saudáveis.

Para a Organização das Nações Unidas (ONU)[1], os fatores que determinam a alimentação e os hábitos alimentares são muitos e de diferentes naturezas (econômica, psicossocial, ética, política, cultural). Assim, escolhemos o que ingerimos de acordo com nosso gosto individual; com a cultura em que estamos inseridos; com a qualidade e o preço dos alimentos; com quem compartilhamos nossas refeições – em grupo, em família ou sozinhos; com o tempo que temos disponível; com convicções éticas e políticas – como, por exemplo, algumas pessoas que são vegetarianas e defensoras dos animais e do meio ambiente; entre outros aspectos. Cada um desses fatores pode promover a segurança alimentar e nutricional, ou dificultá-la, para determinada população (Brasil, 2013).

Dessa forma, as universidades podem planejar e executar atividades de extensão, respeitando os valores e hábitos culturais das comunidades, e contribuir para a melhoria da qualidade alimentar. Desse modo, podemos pen-

---

[1] Brasil. Secretaria de Direitos Humanos da Presidência da República. **Direito à alimentação adequada**. Brasília: Coordenação Geral de Educação em SDH/PR, Direitos Humanos, Secretaria Nacional de Promoção e Defesa dos Direitos Humanos, 2013. 80 p. (Por uma cultura de direitos humanos).

sar em projetos escolares para instalação de hortas se utilizando de práticas agroecológicas como forma de incentivo ao consumo de frutas e hortaliças. Esses espaços podem subsidiar discussões e ensinamentos sobre a educação alimentar e nutricional em diversas instituições públicas de ensino ao enfatizar a importância da alimentação saudável e, ao mesmo tempo, apresentar nas escolas e nas comunidades os problemas causados pelo consumo excessivo de alimentos industrializados por meio de oficinas, palestras, roda de conversas e debates. Esse conjunto de iniciativas integradas, desde o incentivo à produção até o consumo desses alimentos, poderá promover não apenas uma alimentação saudável, mas, também, processos de produção e comercialização de alimentos mais justos, social e economicamente, mais sustentáveis e com maior valorização da cultura e dos alimentos locais.

Este livro reúne essas propostas em oito capítulos que tem por objetivo descrever de modo reflexivo as atividades de pesquisa e extensão desenvolvidas por meio do projeto "Práticas educativas e formação de multiplicadores, com vista ao fortalecimento da Segurança Alimentar e Nutricional"[2] e seus desmembramentos[3].

Os textos aqui publicados estão divididos em duas partes. Na primeira, descrevem atividades empíricas e práticas desenvolvidas no período de 2014 a 2019 para a produção de hortas agroecológicas em escolas públicas da rede municipal de ensino nas seguintes comunidades rurais do estado do Rio Grande do Norte: Barreira Vermelha, Boa Fé e São José, no município de Mossoró, e em Sertãozinho, na Reserva de Desenvolvimento Sustentável Estadual Ponta do Tubarão, localizada nos municípios de Macau e Guamaré. Também apresenta uma experiência de implantação de horta com a adoção de práticas agroecológicas em uma entidade sem fins lucrativos no centro urbano de Mossoró. Na segunda parte, os textos proporcionam contribuições teóricas sobre a importância das hortas escolares,

---

[2] O projeto *Práticas educativas e formação de multiplicadores, com vista ao fortalecimento da Segurança Alimentar e Nutricional* foi financiado pelo edital CNPq/MDS-SESAN Nº 027/2012 – Conselho Nacional de Desenvolvimento Científico e Tecnológico (CNPq) e o Ministério do Desenvolvimento Social e Combate à Fome (MDS), por intermédio da Secretaria Nacional de Segurança Alimentar e Nutricional (SESAN), executado de 2013 a 2016.

[3] Projeto *A implantação de hortas orgânicas em escolas públicas na zona rural de Mossoró (RN)*, desenvolvido por meio do edital de carga horária da Pró-Reitoria de Extensão – Proex/UERN, 2017/2018.

mudanças nos hábitos alimentares de comunidades rurais e abordam a importância da agricultura familiar para o cumprimento da Agenda 2030, de forma particular o Objetivo 2 sobre o Desenvolvimento Sustentável.

Inteiramente revisados, os capítulos que compõem este livro têm como público-alvo professores da Educação Básica e do ensino superior, estudantes de graduação de diferentes cursos que se ocupam com temas e conceitos ligados ao meio ambiente e práticas agroecológicas, além daqueles que trabalham diretamente com hortas escolares e comunitárias, cultivando víveres para um consumo alimentar saudável.

Por fim, desejamos que este livro possa ensejar novas pesquisas e atividades extensionistas que ajudem as pessoas a cuidar da sua própria alimentação nas diferentes regiões geográficas do Brasil, ao replicar experiências singelas de cultivar hortas escolares.

1

HORTA ESCOLAR E SEGURANÇA ALIMENTAR EM COMUNIDADE RURAL *

Márcia Regina Farias da Silva
Carlos Aldemir Farias da Silva
Regina Cleane Marrocos
Sóstenes Fernandes de Barros
Antônia Kaliany da Silva
João Victor da Costa Praxedes

*Texto com dados preliminares do projeto foi apresentado e
publicado na Conferência da Terra em 2015.

Introdução

A implantação de hortas escolares pode ser vista como uma estratégia importante para o desenvolvimento de diferentes atividades didáticas. Uma delas pode ser a indicação de hortaliças, temperos e outros produtos como fonte de alimentação para o preparo de refeições realizadas no ambiente escolar, oferecendo vantagens para as comunidades envolvidas e incentivando o contato de crianças e adolescentes com o meio ambiente, tornando possível a discussão a respeito de uma alimentação saudável nas escolas.

A criação de hortas orgânicas na escola contribui para se atingir diversos objetivos, a saber: (i) melhoria da educação dos escolares, mediante uma aprendizagem ativa e integrada a um plano de estudos de conhecimentos teóricos e práticos sobre diversos conteúdos; (ii) produzir alimentos, como verduras e legumes frescos e saudáveis a baixo custo; (iii) proporcionar aos estudantes experiências de práticas agroecológicas para a produção de alimentos, tornando-os agentes multiplicadores, capazes de transmitir aos seus familiares o que aprendem na escola e, por conseguinte, aplicar esses conhecimentos para a introdução de hortas caseiras ou comunitárias; e (iv) melhorar a nutrição dos estudantes, complementando os programas de merenda escolar com alimentos frescos, ricos em nutrientes e sem contaminação por agrotóxicos.

Cabe ressaltar que, além desses aspectos educacionais abordados, é fundamental que o estudante aprenda a importância de consumir as hortaliças produzidas pela horta escolar. Ele também pode aprender a prepará-las de forma criativa, entendendo o seu valor nutritivo, e sentir satisfação ao consumir o que ajudou a cultivar.

Assim, as hortas nas escolas são importantes para enriquecer a alimentação, ajudar na mudança de hábitos alimentares e despertar o interesse dos alunos pela natureza e cuidados com o meio ambiente.

Este capítulo está inserido em um projeto de pesquisa e extensão intitulado *Práticas educativas e formação de multiplicadores, com vista ao fortalecimento da Segurança Alimentar e Nutricional*, financiado pelo edital CNPq/ MDS-SESAN Nº 027/2012 – Conselho Nacional de Desenvolvimento Científico e Tecnológico (CNPq) e o Ministério do Desenvolvimento Social e Combate à Fome (MDS), por intermédio da Secretaria Nacional de Segurança Alimentar e Nutricional (SESAN). O referido projeto buscou fortalecer os hábitos alimentares em comunidades e escolas que participam das ações por meio da implantação e do fortalecimento de hortas escolares, comunitárias e quintais produtivos como tecnologia social em educação alimentar e nutricional (Silva, 2013).

O capítulo objetiva descrever as atividades realizadas na Escola Municipal Carmélia de Almeida, localizada no assentamento Barreira Vermelha, zona rural de Mossoró, Rio Grande do Norte (RN), para implantar e revitalizar uma horta escolar e, posteriormente, ampliá-la.

Metodologia

As atividades foram realizadas na Escola Municipal Carmélia de Almeida, localizada na comunidade de Barreira Vermelha, situada na zona rural cerca de 20 km da sede do município de Mossoró (figuras 1 e 2).

A Escola foi fundada em meados de 1979 e conta com 5 professoras efetivas para atender ao ensino infantil e ao ensino fundamental do 1º ao 5º ano, 2 merendeiras, 1 supervisora e 1 diretora. A escola recebe 56 alunos com faixa etária entre 4 e 10 anos de idade, e oferece da Educação Infantil ao 5º ano do ensino fundamental. Os estudantes que cursam do 6º ao 9º ano se deslocam para a Escola Ricardo Vieira, no Jucurí, e os do ensino médio precisam se deslocar até o centro urbano de Mossoró. No quadro 1, é possível observar de forma sucinta a caracterização da Escola Municipal Carmélia de Almeida.

Figura 1. Escola Municipal Carmélia de Almeida, Barreira Vermelha, Mossoró

Fonte: Acervo do Projeto, 2018.

Figura 2. Mapa de localização da Escola Municipal Carmélia de Almeida. Barreira Vermelha, Mossoró/RN, 2015

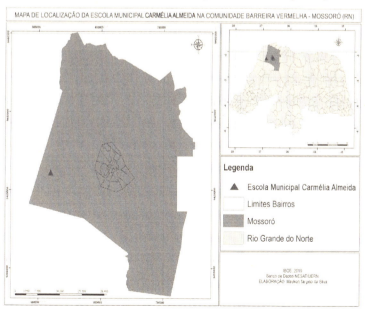

Fonte: Instituto Brasileiro de Geografia e Estatística, 2010.

Quadro 1. Caracterização da Escola Municipal Carmélia de Almeida

Infraestrutura Alimentação escolar	Instalações de ensino	Equipamento	Educação Infantil Unificada	Ensino Fundamental (1º ao 4º) Multisseriado	Ensino Fundamental
Água filtrada	3 salas de aula	Projetor multimídia (datashow)	Aula no turno matutino	Aula no turno matutino	Aula no turno vespertino
Água de cacimba	Cozinha		1 turma com 18 alunos	2 turmas com 14 alunos cada, totalizando 28 alunos	1 turma com 10 alunos
Energia da rede pública	Banheiro adequado à Educação Infantil			Artes (Educação Artística, Teatro, Dança, Música, Artes Plásticas e outras)	Artes (Educação Artística, Teatro, Dança, Música, Artes Plásticas e outras)
Fossa séptica	Banheiro adequado à alunos com deficiência ou mobilidade reduzida			Ensino Religioso	Ensino Religioso
Lixo destinado à queima	Dispensa			Educação Física	Educação Física

Fonte: Dados do Censo escolar, 2020.[4] Elaborado pelos autores, 2021.

As ações da primeira fase do trabalho ocorreram no período de 2014 a 2015. O procedimento metodológico utilizado nesta pesquisa foi dividido em cinco momentos. Primeiro foi realizado um ciclo de palestras e oficinas na escola, envolvendo professores, merendeiras, pais e alunos, com o intuito de discutir temáticas relacionadas à educação para saúde, alimentação

---

[4] Brasil. Edu.org.br. **Escola Municipal Carmélia de Almeida**. https://www.escol.as/74827-escola-municipal-carmelia-de-almeida. Acesso em: 8 set. 2021.

saudável e os benefícios do cultivo dos quintais domésticos e das hortas orgânicas nas escolas. No segundo momento, realizou-se a construção dos canteiros da horta implantada na escola. No terceiro, iniciou-se o plantio das sementes. No quarto, fez-se a colheita das hortaliças com os alunos e, por fim, foram aplicados questionários aos professores para identificar a sua percepção sobre os benefícios que a horta proporciona para a escola.

A segunda fase do trabalho começou no ano de 2018-2019, após três anos das atividades iniciais de implantação da horta. Naquele momento, foi feito um novo contato com a escola no sentido de verificar como estava o andamento da horta. O contato se deu por meio de uma docente da Escola Municipal Carmélia de Almeida e, na oportunidade, foi apresentada a proposta de visitar a escola e realizar um trabalho de ampliação e revitalização da horta escolar.

A ideia foi acatada pela direção e pelo corpo docente da escola. As atividades foram planejadas e desenvolvidas durante o ano de 2018, contribuindo para promover e ampliar a discussão do cultivo de hortaliças agroecológicas para a alimentação na comunidade escolar do assentamento de Barreira Vermelha. Já na primeira visita à escola, os alunos nos deram as boas-vindas com uma apresentação musical em agradecimento à nossa visita à Escola (figura 3).

Figura 3. Apresentação de boas-vindas dos alunos da Escola Municipal Carmélia de Almeida para os participantes do projeto

Fonte: Acervo do Projeto, 2018.

Quanto aos instrumentos de coleta de dados, foram realizadas observações *in loco* registradas em diário de campo e a aplicação de questionários semiestruturados com perguntas abertas e fechadas direcionadas às professoras da escola (um total de 4 professoras responderam). Os questionários tinham como objetivo identificar as mudanças que aconteceram na Escola Carmélia de Almeida após a implantação da horta em 2015. Na segunda etapa, em 2018, foram entrevistadas 3 professoras, e 20 alunos do ensino fundamental. O questionário voltado para as professoras era composto por 16 perguntas (abertas e fechadas), referentes ao processo de revitalização da horta; já os questionários aplicados aos alunos eram simples (considerando a idade dos participantes entre 8 e 11 anos), contendo 8 questões abertas, voltadas para a percepção dos estudantes em relação à horta.

Nas duas etapas de realização dessa ação, foi solicitado à escola o Termo de Adesão (TA) à pesquisa, o Termo de Conhecimento Livre e Esclarecido (TCLE), por parte dos participantes que se dispuseram a responder os questionários, e o Termo de Autorização do Uso de Imagem (TAUI). Na segunda fase do trabalho, foi solicitado o Termo de Consentimento Passivo (TCP) aos pais dos alunos, por meio de um documento, explicando a participação dos estudantes no projeto de ampliação e revitalização da horta – os pais poderiam se manifestar no prazo de oito dias caso fossem contrários. Escolhemos o Termo de Consentimento Passivo porque consideramos que o questionário envolvia um risco, mesmo que mínimo, por tratar de temas relativos às atividades de educação em saúde que ocorriam no âmbito escolar, por isso, as identidades dos respondentes seriam preservadas.

Foi utilizada a abordagem qualitativa (Oliveira, 2016) para a análise do trabalho, que buscou descrever e compreender os dados por meio da relação com a literatura referente às temáticas abordadas no estudo, com vista à uma melhor interpretação da realidade pesquisada.

Resultados e discussão

As atividades desenvolvidas nos anos de 2014 e 2015 na Escola Municipal Carmélia de Almeida

As atividades realizadas na Escola Municipal Carmélia de Almeida tiveram início em dezembro de 2014, com evento intitulado: I Semana de Alimentação Saudável que teve como objetivo desenvolver temas recomendados pelo Guia Alimentar dentre os quais: o consumo de alimentos variados e a manutenção de um peso saudável; praticar atividade física diariamente; utilizar legumes e vegetais folhosos na alimentação; valorização da alimentação regional; bem como temas voltados para a alimentação saudável. Essas atividades envolveram professores, alunos, famílias e a comunidade em geral.

A primeira oficina realizada na Escola tratou dos "perigos causados pelo consumo intensificado de alimentos industrializados e a promoção da alimentação saudável". A oficina foi direcionada para os alunos do 4º ao 5º ano do ensino fundamental (figuras 4 e 5).

Figura 4. Oficina - Prática de alimentação regional, Barreira Vermelha, Mossoró (RN), 2014

Fonte: Acervo do Projeto, 2014.

Figura 5. Oficina - Consumo de alimentos industrializados, Barreira Vermelha, Mossoró (RN), 2014

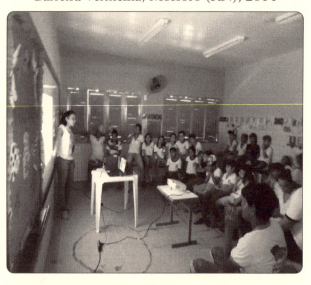

Fonte: Acervo do Projeto, 2014.

A segunda oficina tratou especificamente da "pirâmide alimentar". Esta foi dividida em dois momentos: no primeiro, trabalhamos a pirâmide alimentar de maneira ilustrativa, apresentando aos alunos que cada grupo de alimentos desempenha funções necessárias para o bom funcionamento do organismo humano. No segundo momento, realizamos uma atividade prática com preparo de lanches naturais, visando melhorar o sabor da alimentação servida aos alunos na escola. A atividade foi dividida em dois tempos: no primeiro, a sala foi dividida em cinco grupos, cada grupo ficou responsável por preparar lanches naturais como sucos e sanduíches com o auxílio dos estudantes bolsistas do projeto e das merendeiras. No segundo tempo, os lanches foram trocados entre os grupos (figura 6).

Figura 6. Lanche com os estudantes,
Barreira Vermelha, Mossoró (RN)

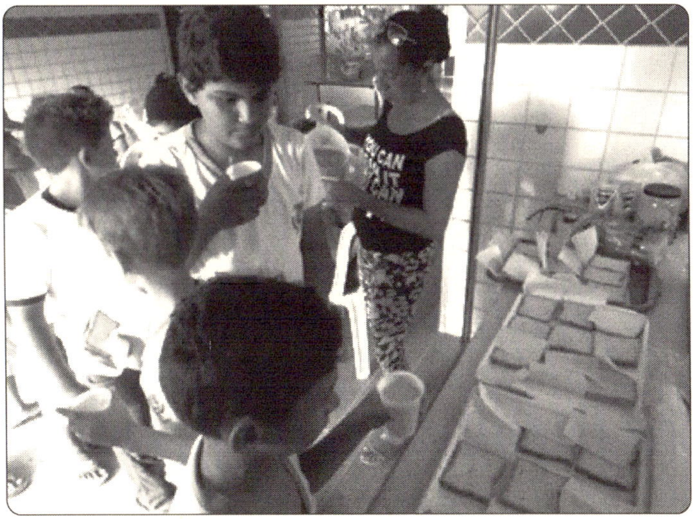

Fonte: Acervo do Projeto, 2014.

A última oficina foi sobre alimentação regional, que foi direcionada para professoras, merendeiras e mães de alunos. Os temas abordados foram educação para a saúde: alimentação variada, equilibrada e saudável, vinculada aos alimentos da região; a importância da higiene e conservação dos alimentos, desde sua escolha até o preparo e consumo nas refeições; culinária saudável; aproveitamento dos alimentos locais e consumo consciente; e inclusão da educação alimentar e nutricional no currículo escolar.

As palestras e oficinas com os pais, estudantes, professores e merendeiras tiveram como objetivo fortalecer o envolvimento da família com a Escola, visto que ambas desempenham um papel importante na formação do indivíduo. Além disso, buscamos oferecer uma formação complementar à comunidade escolar, inserindo nas atividades curriculares da escola temas relevantes, como segurança alimentar e nutricional. O objeto foi que a escola pudesse cumprir seu papel, atuando no resgate e na promoção de hábitos alimentares saudáveis, fornecendo informações importantes a respeito dos benefícios de uma alimentação saudável e os riscos que os conservantes e os agrotóxicos podem ocasionar à saúde das pessoas. Além disso, sensibilizamos alunos e professores para a construção de uma horta na Escola.

Após o ciclo de oficinas, todos participaram da criação de uma horta agroecológica. O primeiro passo foi o reconhecimento da área onde seria construída a horta, depois disso, o solo foi preparado para receber as mudas e sementes de hortaliças. Os canteiros da horta foram produzidos com resíduos que tinham um grande potencial de reaproveitamento e reciclagem, como garrafas pet e pneus (figura 7).

Figura 7. Construção da horta, Barreira Vermelha, Mossoró (RN)

Fonte: Acervo do Projeto, 2015.

A comunidade escolar participou do processo de implantação da horta, fornecendo uma parte dos instrumentos e ferramentas, como enxada, ancinho, pá, carro de mão, garrafas pet, adubo e pneus para a construção dos canteiros. Os pais dos alunos ajudaram na construção da cerca de proteção, uma vez que havia muitos animais na comunidade, como porcos, galinhas, ovelhas, entre outros, que poderiam destruir os canteiros e hortaliças cultivadas.

Posteriormente, foi realizado o plantio das sementes, que contou com a participação dos estudantes da Escola. Parte das hortaliças passou pelo plantio em sementeiras, como foi o caso do tomate e pimentão, que foram cultivados no Laboratório de Ecologia Aplicada (LEA), do Departamento de Gestão Ambiental da Universidade do Estado do Rio Grande do Norte (UERN).

O monitoramento da horta foi realizado com a intenção de verificar o crescimento e o desenvolvimento das hortaliças. A Escola ficou responsável por cuidar da horta, regar os canteiros e retirar as ervas daninhas. Foi observado o crescimento de hortaliças como o tomate, coentro, alface e cebolinha e pimentão. Em seguida, foi realizada a colheita das hortaliças, que estavam no tamanho adequado. Essa atividade foi realizada com a participação dos alunos, bolsistas do projeto, professores e merendeiras (figura 8).

Figura 8. Colheita das hortaliças, Barreira Vermelha, Mossoró (RN)

Fonte: Acervo do Projeto, 2015.

Durante a colheita, apresentamos aos alunos os benefícios desses alimentos para a saúde e as importantes funções que desempenham em nosso organismo. Falamos sobre a cura e o combate a doenças e sobre a importância da manutenção de uma dieta alimentar saudável, que contribui diretamente para melhorar a qualidade de vida das pessoas.

Após a implantação da horta na Escola, os alunos participaram da criação de hortas na comunidade. Esse foi um momento importante, pois eles tiveram a oportunidade de dividir as suas experiências com os habitantes de Barreira Vermelha como agentes multiplicadores.

Nessa direção, projetos que têm como objetivo utilizar pequenos espaços para implantação de hortas tanto em escolas quanto em quintais domésticos, ou em comunidades, desenvolvem um papel relevante na educação para a saúde e o meio ambiente e na dieta alimentar das pessoas, fornecendo uma alimentação acessível e de baixo custo, além de valorizar e aproximar a relação dos seres humanos com a natureza. Assim, projetos dessa natureza devem ser ampliados para incentivar e despertar nos alunos a satisfação de plantar, produzir, colher e se alimentar de maneira saudável.

Acredita-se que a participação dos estudantes nas atividades do plantio de hortas na comunidade foi essencial para diversificar e fortalecer a prática do cultivo de espécies frutíferas e hortaliças nos quintais das residências de Barreira Vermelha, contribuindo para reduzir o consumo de alimentos industrializados pelas famílias. Além disso, as hortas resgatam o hábito do cultivo saudável voltado para o autoconsumo, bem como introduzem novas espécies de frutíferas e hortaliças no dia a dia das pessoas. As figuras 9 e 10 apresentam as práticas realizadas pelos estudantes.

Figura 9. Grupo de estudantes no plantio das hortas, Barreira Vermelha, Mossoró (RN)

Fonte: Acervo do Projeto, 2015.

Figura 10. Estudante no plantio das hortas agroecológicas, Barreira Vermelha, Mossoró (RN)

Fonte: Acervo do Projeto, 2015.

Os resultados alcançados com a experiência do plantio de frutíferas e da implantação de hortas na comunidade, bem como com as oficinas realizadas na comunidade de Barreira Vermelha, contribuíram para despertar o interesse da população por hábitos alimentares saudáveis, incentivando as famílias a produzirem seu próprio alimento. Além disso, foi possível trabalhar e contextualizar temas relacionados à educação ambiental e à educação alimentar e nutricional com as crianças e os adolescentes que participaram do plantio dos quintais e das oficinas.

Desse modo, o cultivo de espécies frutíferas e hortas agroecológicas oferecem vantagens para a comunidade, proporcionando uma variedade de alimentos a baixo custo, além de incentivar o consumo de alimentos produzidos localmente, numa perspectiva agroecológica que irá auxiliar na promoção da saúde através de uma dieta saudável, constituindo uma prática que contribui para o bem-estar físico, mental e social dos indivíduos.

Percepção dos professores em relação à implantação da horta escolar em 2015 e sobre as ações de educação ambiental

Nas análises dos dados referentes ao perfil dos docentes, foram utilizadas as variáveis de gênero e o nível de escolaridade. Com relação ao gênero, foi possível observar que todas eram do gênero feminino. Quanto ao nível de escolaridade foi constatado que 50% das professoras possuíam pós-graduação a nível de especialização, 25% de docentes cursavam na época a pós-graduação a nível de mestrado e 25% tinham apenas o diploma de ensino médio (magistério).

Com relação às mudanças que aconteceram na escola, depois da implantação da horta, todos os docentes afirmaram que esta tinha contribuído para melhorar a qualidade da alimentação, por meio da inserção das hortaliças no cardápio dos alunos. De acordo com Silveira Filho (2012), a horta escolar é um espaço propício para desenvolver atividades educativas que promovam hábitos alimentares saudáveis, fazendo com que as crianças aprendam os benefícios de formas de cultivo mais sustentáveis para o meio ambiente e para a produção de alimentos saudáveis, além de fortalecer o vínculo positivo entre a educação e a saúde, contribuindo para um ambiente saudável que torne as aulas mais dinâmicas e estimule a aprendizagem dos alunos, ao mesmo tempo aproximando-os da natureza.

As professoras afirmaram que já haviam trabalhado a temática da horta na escola antes da sua implantação por meio de projetos pedagógicos, através dos quais estudaram com os alunos a importância de valorizar e consumir os alimentos saudáveis e regionais como frutas e hortaliças, os cuidados com o meio ambiente e a formação de hábitos alimentares saudáveis.

Quando questionadas como deveria ser trabalhada a temática da horta na escola, foi possível observar que um percentual significativo das professoras (75%) respondeu que era necessário conscientizar os alunos a respeito dos hábitos alimentares saudáveis. Os outros 25% afirmaram que a escola deve desenvolver projetos sobre alimentação saudável em sala de aula, buscando incentivar os alunos a consumir verduras e hortaliças, rompendo com o ciclo de consumo excessivo de alimentos industrializados.

Quando questionadas se as professoras se consideravam profissionais capazes de trabalhar a alimentação saudável na escola e relacioná-la com as questões do meio ambiente, 75% responderam que sim, pois o tema já vinha sendo trabalhado de maneira interdisciplinar nas disciplinas curriculares, com objetivo de conscientizar os alunos, por meio da exibição de vídeos, realização de palestras e debates em sala de aulas sobre os aspectos da alimentação saudável. Os dados apontaram que existe uma preocupação por parte dos professores de sensibilizar os alunos em relação à questão da soberania e segurança alimentar e nutricional, bem como aos cuidados com o meio ambiente.

A esse respeito, Accioly (2009) afirma que o alimento pode ser inserido no processo educativo, não apenas nas disciplinas relacionadas às ciências biológicas e da saúde, mas em todas as áreas do conhecimento para, dessa forma, estimular o consumo de alimentos saudáveis na escola e no cotidiano da criança.

Assim, trabalhar temas voltados para a soberania e a segurança alimentar e nutricional, o meio ambiente e a qualidade de vida nas escolas é de grande relevância, visto que o ambiente escolar é um espaço propício para introdução de novas ideias e aprendizagens. A escola tem um papel primordial na construção e nas mudanças de atitudes do ser humano, servindo de suporte para despertar reflexões a respeito da importância de uma alimentação saudável por meio de um ensino ativo e participativo, intervindo no processo de mudanças dos hábitos alimentares dos alunos e formando valores ambientais.

Com relação à abordagem da educação ambiental na escola, 50% das docentes afirmaram que a temática é trabalhada por meio de projetos que objetivam sensibilizar os alunos a respeito dos problemas ambientais existentes na atualidade. Os outros 50% afirmaram que trabalham a temática por meio de gincanas, reutilizando resíduos recicláveis para a confecção de brinquedos para os alunos em datas comemorativas como o dia da árvore e do meio ambiente.

Foi possível observar que a temática meio ambiente vem sendo trabalhada na Escola Municipal Carmélia de Almeida, todavia, as ações são realizadas de forma pontual. Assim, o trabalho é fragmentado e os temas são postos em evidência apenas em datas alusivas às questões ambientais. Faz-se necessário que a escola busque desenvolver um projeto integrador, capaz de inserir todas as disciplinas para promover interdisciplinarmente o ensino desse tema transversal, conforme as orientações de documentos como a Política Nacional de Educação Ambiental (PNEA) e os Parâmetros Curriculares Nacionais (PCN).

Por meio das observações de campo, foi possível observar que ainda há dificuldades por parte das docentes envolvidas em trabalhar a horta e relacioná-la com ações de educação ambiental. Esta configura-se como uma estratégia importante para desenvolver temas voltados para a questão ambiental na escola, aproximando os alunos da natureza, fazendo-os acompanhar o processo de desenvolvimento das hortaliças e o manejo do solo, da água. Ou seja, a horta pode ser um rico espaço de ensino de temas relacionados, sobretudo, a disciplinas como Geografia e Ciências.

De acordo com Reigota (2006), a educação ambiental pode influenciar decisivamente na busca de soluções e alternativas para os problemas ambientais, formar pessoas mais críticas, conscientes dos seus direitos e deveres na sociedade. A partir do momento que o cidadão passa a ter consciência e conhecimento de problemas globais que atingem a sua comunidade, haverá mudanças na vida cotidiana, possibilitando uma convivência mais equilibrada e harmoniosa entre os seres humanos e a natureza.

Assim, é possível entender que a educação ambiental é um processo pelo qual o estudante inicia o entendimento de temas que relacionam à interface sociedade-ambiente e passa a compreender as questões ambientais. Ele passa a ter uma visão ampliada sobre o meio ambiente, se tornando um agente transformador em relação à preservação e/ou à conservação ambiental. As questões ambientais estão cada vez mais presentes no cotidiano da sociedade, por isso, a educação ambiental é essencial em todos os níveis dos processos educativos e, em especial, na educação infantil e fundamental, já que nesta fase da vida é mais adequado sensibilizar e conscientizar as crianças e os adolescentes sobre as questões ambientais para um futuro sustentável.

Com relação à alimentação oferecida na escola, todas as professoras a consideram saudável. 25% afirmaram que a escola segue um cardápio recomendado por uma nutricionista do município, 25% mencionaram que os alimentos servidos na merenda escolar são naturais, à base de frutas e verduras, 25% responderam que a merenda é composta por uma diversidade de alimentos e os demais 25% responderam que a escola vem adotando uma alimentação mais saudável, sob orientação profissional fornecida pelo município (figura 11).

Figura 11. Percepção dos professores sobre a merenda da escola, Barreira Vermelha, Mossoró (RN)

Fonte: Pesquisa de campo, 2015.

Cabe explicar que, de acordo com Accioly (2009), a alimentação servida na escola pode contribuir decisivamente para melhorar as condições nutricionais de crianças, jovens e adolescentes, diminuindo as deficiências nutricionais relacionadas ao consumo de alimentos inadequados e melhorando significativamente o desempenho escolar, além de favorecer o crescimento e o desenvolvimento saudável.

As atividades de ampliação e revitalização da horta escolar na Escola Municipal Carmélia de Almeida em 2018

Após contato com a direção da escola, realizado por meio de uma moradora da comunidade que fez a mediação, houve uma reunião para o planejamento das medidas de ampliação e revitalização da horta escolar que havia sido implantada em 2015. Cabe ressaltar que os cuidados com a horta foram atribuídos à escola após a sua implantação. Todavia, segundo os docentes, vários fatores contribuíram para que a horta tivesse passado por um período sem produção, apesar de toda a estrutura continuar no espaço inicial, apenas era necessária uma organização. Os fatores mencionados pelos servidores da escola (direção, professores e merendeiras) foram os seguintes: 50% disseram que o agravamento do período de estiagem prolongado levou a população local a utilizar a água somente para atividades essenciais; 25% relataram que a ausência de uma pessoa que ficasse à frente das atividades da horta contribuiu para a falta de cultivo; 25% destacaram que os alunos que participaram das oficinas do projeto de implantação da horta deixaram a escola nas séries iniciais do ensino fundamental depois de concluir o curso e, consequentemente, se matricularam em escolas do centro urbano de Mossoró. Além disso, houve a ausência de pesquisadores da Universidade que representavam um incentivo para que os bons resultados do projeto inicial fossem alcançados (figura 12).

Figura 12. Fatores que contribuíram para o encerramento das atividades na horta escolar, Barreira Vermelha, Mossoró (RN)

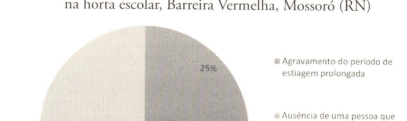

Fonte: Pesquisa de campo, 2018.

Percebe-se que, após a saída da Universidade da escola, as ações que passaram a ser desenvolvidas pela comunidade escolar sofreram uma baixa. A Universidade desempenhava o papel de dialogar e fazer chegar às comunidades o conhecimento acadêmico, todavia, é de suma importância que as comunidades se envolvam e desempenhem atividades após a conclusão do projeto para o sucesso das ações.

Nessa direção, foi solicitado aos servidores da escola que conseguissem insumos de animais da região para utilizar como adubo para ampliação e revitalização da horta. Os materiais e ferramentas, como sementes e ferramentas, foram fornecidos pela Universidade do Estado do Rio Grande do Norte. Antes do início do trabalho, foi realizado um levantamento das espécies que a comunidade escolar queria cultivar.

A revitalização da horta contou com a participação dos professores e alunos. O projeto seguiu o modelo da anterior, formado por um canteiro central, contendo partes de separação, e mais dois canteiros para a plantação de diferentes tipos de sementes, como beterraba, tomate cereja, tomate, pimentão vermelho, pimentão amarelo, cenoura, cebolinha, cebola, maxixe, rúcula, coentro, alface e couve-manteiga.

Todos os alunos se envolveram nas atividades de preparo dos canteiros para receber as sementes, o plantio das sementes, a ampliação e a rega dos canteiros após o plantio. Inicialmente, discutimos com os alunos importância do que seria plantado para a alimentação diária e os cuidados que eles deveriam ter em relação às hortaliças.

As professoras se envolveram na ação introduzindo em suas a aulas a temática do meio ambiente e da saúde, assim como a importância de uma boa alimentação, incentivando as crianças a comerem frutas, legumes e verduras da horta escolar (figuras 13, 14, 15 e 16).

Figura 13. Revitalização da horta na Escola Municipal Carmélia de Almeida, 2018

Fonte: Acervo do Projeto, 2018.

Figura 14. Revitalização dos canteiros, Escola Municipal Carmélia de Almeida, 2018

Fonte: Acervo do Projeto, 2018.

Figura 15. Rega do canteiro, Escola Municipal Carmélia de Almeida, 2018

Fonte: Acervo do Projeto, 2018.

Figura 16. Crianças no canteiro da horta,
Escola Municipal Carmélia de Almeida, 2018

Fonte: Acervo do Projeto, 2018.

Durante as atividades, foram realizadas duas oficinas em maio de 2018 com objetivo de discutir as temáticas do projeto com os estudantes envolvidos na ação. Nas oficinas, informamos a importância de cada hortaliça plantada e seus benefícios à saúde. Os estudantes se envolveram na oficina fazendo questionamentos e interagindo com o tema. Ao fim da atividade, foi realizada uma roda de conversas para que os alunos descrevessem o que tinham aprendido.

A partir dessa provocação, os estudantes mencionaram que as frutas, legumes e verduras são essenciais para o bom funcionamento do organismo humano, pois sem uma alimentação equilibrada não é possível a obtenção de nutrientes necessários para a realização das atividades diárias. Eles ainda relataram a importância das frutas e verduras para prevenção de doenças (figuras 17 e 18).

Figura 17. Oficina de soberania e segurança alimentar, Escola Municipal Carmélia de Almeida, 2018

Fonte: Acervo do Projeto, 2018.

Figura 18. Oficina de soberania e segurança alimentar, Escola Municipal Carmélia de Almeida, 2018

Fonte: Acervo do Projeto, 2018.

Em maio de 2018, a horta começou a dar os primeiros frutos, foram colhidas as primeiras hortaliças para serem adicionadas às refeições dos estudantes. Os cuidados diários com a horta foram divididos entre os docentes e os estudantes da escola. Aulas práticas também foram adotadas nas hortas e semanalmente eram desenvolvidas atividades relacionadas com temas transversais como forma de contribuir para ampliar e complementar os conteúdos curriculares trabalhados em sala de aula. As figuras 19 e 20 mostram o registro da primeira colheita.

Figura 19. Professora realizando a colheita de hortaliças, 2018

Fonte: Acervo do Projeto, 2018.

Figura 20. Colheita de coentro na horta escolar, 2018

Fonte: Acervo do Projeto, 2018.

A percepção dos professores e alunos sobre o projeto de ampliação e de revitalização da horta escolar

Após a revitalização e ampliação da horta e das atividades das oficinas, realizadas na Escola Municipal Carmélia de Almeida, a sua manutenção ficou sob a responsabilidade dos servidores e alunos da escola, finalizando, assim, a segunda fase do projeto. Ao término das atividades dessa segunda fase, buscou-se compreender como os professores e os alunos percebiam a ampliação e a revitalização do que tinha sido iniciado em 2014.

Foi possível perceber a importância da ação para os que compõem o corpo docente e discente da escola. Os relatos foram de satisfação, pois o resultado da horta, segundo os participantes, havia superado as expectativas. Todas as participantes eram do sexo feminino e consideram o desenvolvimento do projeto significativo para o processo de ensino-aprendizagem dos estudantes. Além das práticas desenvolvidas, os estudos teóricos ganharam destaque porque foram de suma importância para o melhor entendimento do tema saúde e educação em sala de aula. Segundo as professoras, as atividades na horta contribuíram para: "demonstrar a importância da alimentação saudável no âmbito escolar" (Professora A, 2018).

De acordo com a Professora B (2018), "o projeto contribuiu para inclusão de frutas e legumes na alimentação escolar, principalmente quando demonstrou a diversidade dos alimentos, as cores, que induzem a hábitos alimentares na escola que, consequentemente, poderão se reproduzir na casa do aluno." Além disso, as professoras participantes consideram importante o envolvimento da temática saúde e ambiente nas escolas, uma vez que os alunos conhecem e aprendem mais sobre alimentos saudáveis e podem se beneficiar com uma melhor qualidade alimentar.

Conforme relatos da Professora C (2018), a escola já desenvolvia projetos relacionados à temática da alimentação saudável e da educação ambiental antes mesmo das primeiras ações da Universidade em 2014 e 2015. Todavia, o resgate do projeto da horta escolar nessa segunda fase: "foi muito importante, pois atividades práticas contribuem para facilitar o entendimento dos alunos sobre os temas estudados e são uma vivência nova para os alunos que não haviam participado da primeira fase do projeto" (Professora C, 2018).

As professoras relataram que duas ou três vezes por semana são servidos verduras e legumes na escola, mas, a horta escolar pode ajudar a suprir as necessidades, principalmente, pela situação financeira, que nem sempre é do jeito que se espera. Segundo elas, a partir do momento que revitalizaram a horta, é preciso ter o compromisso de mantê-la cuidada e produzindo para se obter independência em relação ao uso de hortaliças na alimentação escolar. As professoras apontam que o principal alimento servido na merenda escolar são as frutas (melão, acerola, goiaba e banana). No entanto, também se encontram alimentos na horta que podem complementar o lanche dos estudantes, principalmente, cenoura, tomate, alface e rúcula, que podem ser servidos como saladas ou em sanduíches naturais.

Quando foram questionadas sobre os principais benefícios que a horta trouxe para a escola, as professoras responderam que o aprendizado adquirido por meio da prática de cultivo foi fundamental para mudança nos hábitos alimentares, complemento da merenda escolar e soberania alimentar, benefícios para a cozinha e reeducação alimentar. Além disso, os ensinamentos ainda são levados pelos alunos para as suas casas, o que multiplica os benefícios. As professoras destacaram ainda que os alunos se interessaram mais pelos alimentos plantados e colhidos por eles mesmos e tomaram conhecimento da diversidade de legumes e verduras que podem ser incluídos em suas refeições.

De acordo com a Professora A (2018), "não houve dificuldades em manusear a horta, apesar de não haver disponibilidade de água potável em quantidade e qualidade na escola, que se torna o principal problema para o desenvolvimento e a manutenção da horta". Esse fator é um agravante para o desenvolvimento do trabalho, uma vez que nem todos os vegetais que foram cultivados conseguiram completar seu ciclo cultural devido à baixa qualidade da água na comunidade. Mas, segundo a Professora A (2018), "mesmo assim, já se esperava esse resultado. Por outro lado, um fator muito positivo é a escola se localizar na zona rural, onde as experiências com práticas agrícolas são diversas, sendo tranquilo para os professores e os alunos realizarem o manuseio da horta e, por vezes, podendo contar com a colaboração dos pais que são agricultores".

A produção da horta supri parcialmente as necessidades da cozinha, já que as hortaliças ainda estão crescendo e não foram colhidos todos os alimentos, tendo em vista que algumas culturas têm ciclo mais longo. Todavia, as entrevistadas acreditam que irão alcançar o sucesso esperado, principalmente, por se tratar de uma escola pequena que não obtém uma demanda diária muita grande de alimentos. As hortaliças colhidas podem ser armazenadas na geladeira para suprir as necessidades semanais de complemento à alimentação.

Em relação à função didática, a horta, segundo as professoras, teve papel significativo no processo de ensino-aprendizagem. Para elas, a discussão teórica realizada em sala de aula foi amplamente complementada com as atividades práticas realizadas na horta. Dizem que a horta despertou o interesse dos alunos em relação a temas de educação para saúde e educação ambiental, além de aproximar os pais e os habitantes de Barreira Vermelha do processo de revitalização e dos cuidados com a horta.

As docentes ainda consideram que a inclusão dos estudantes teve um importante papel no trabalho, pois eles se mostram interessados e ativos no decorrer das atividades realizadas, por meio do estudo da teoria em sala de aula, das oficinas e das práticas do projeto. Ademais, as turmas foram divididas por atividades no decorrer da semana, assim, uma turma diferente fica responsável a cada dia pelos cuidados com a horta, pela preparação do solo, a rega e até a colheita. Os estudantes participaram proativamente em todas essas práticas. Para Morgado (2006, p. 9), "a horta inserida no ambiente escolar pode ser um laboratório vivo que possibilita o desenvolvimento de diversas atividades pedagógicas em educação [...] alimentar, unindo teoria à prática de forma contextualizada, auxiliando no processo de ensino-aprendizagem".

Em relação aos hábitos alimentares dos alunos, foi possível observar que eles se interessam por consumir os alimentos cultivados na horta, uma vez que participaram de cada etapa da sua produção e porque já os conhecem, consequentemente, essas práticas podem contribuir para o maior consumo de hortaliças e frutas. A escola já trabalhava desde 2014 a importância da alimentação saudável, porém, quando a primeira horta deixou de ser cultivada, esses ensinamentos ficaram apenas no plano da teoria. Com a revitalização do espaço da horta na escola, foi possível novamente relacionar teoria e prática, que foi "essencial para complementar o ensino dos temas aos alunos, fazendo com que eles obtivessem uma melhor visão do quão importante é a participação em atividades práticas" (Professora, B, 2018).

Para a Professora B (2018), a experiência com a horta escolar demonstrou que é possível, por meio de projetos e de atividades simples, promover o interesse dos sujeitos pela adoção de hábitos alimentares saudáveis, o envolvimento do exercício da cidadania e da responsabilidade social e ambiental. Ou seja, formar valores e atitudes que abram possibilidades para encaminhá-los a uma sociedade mais equitativa e ambientalmente sustentável. Após dois meses da implantação da horta escolar, todos os envolvidos na atividade já estavam colhendo os resultados. Segundo a Professora C (2018), "já foi possível observar, na primeira colheita, os benefícios do projeto". Foram colhidos coentro, alface, cebolinha e outras hortaliças utilizadas no consumo escolar; algumas culturas não obtiveram o desenvolvimento necessário, como a cenoura, devido à escassez de água. Todavia, todas as hortaliças que foram cultivadas desenvolveram-se, umas mais, outras menos, mas o importante foi observar os cuidados dos alunos no desenvolvimento das práticas agroecológicas debatidas durante o projeto e com os cuidados com a alimentação.

A educação alimentar, de acordo com o PCN, se insere nos temas transversais de saúde e apresenta um vasto espaço de ações educativas para o ensino fundamental (Brasil, 1998), servindo como suporte para o ensino/aprendizagem de uma alimentação saudável, contribuindo para a qualidade de vida do educando, para a conscientização de hábitos alimentares saudáveis, evitando, assim, problemas de saúde. Nessa direção, a necessidade de mudança dos hábitos alimentares das crianças e dos adolescentes é fundamental para possivelmente evitar fatores de risco para doenças crônicas na fase adulta.

Por último, as professoras relataram que é de extrema importância trabalhar a perspectiva da horta nas diferentes disciplinas em sala de aula, o conhecimento sobre a vegetação, a segurança alimentar, a saúde, a importância dos alimentos e o conhecimento sobre eles. Esse é um tipo de aprendizado para se debater em qualquer área de conhecimento. Para Rocha et al. (2013), a escola tem a função de estimular hábitos alimentares saudáveis e mais atraentes para as crianças e a construção de uma horta favorece um espaço vivo de experimentação e investigação, ajudando, inclusive, para que os alunos se alimentem melhor.

Durante a execução do projeto, abordamos essas temáticas com os alunos por meio de questionários, assim eles puderam expressar suas percepções sobre a ampliação e a revitalização da horta agroecológica e a alimentação saudável.

Inicialmente, foram abordadas as atividades que eles mais se identificaram e gostavam de fazer durante a revitalização e o manejo da horta, que eram as de jardinagem, de preparação do solo, de plantio, de rega e todos os trabalhos relacionados ao implemento da horta desde a produção dos canteiros até a colheita. Essas atividades foram desenvolvidas pelos alunos semanalmente, seguindo uma escala de rodízio que foi elaborada pelos professores. Os estudantes disseram que ficaram felizes em fazer algo diferente na escola.

Os alunos relataram que os alimentos produzidos na horta faziam bem para a saúde e que eram importantes para o crescimento da criança. Entenderam que, ao se alimentarem de forma correta, teriam um melhor desenvolvimento físico. As crianças relataram que os alimentos da horta que mais consumiam eram o coentro, a beterraba, a alface e o tomate e que aprenderam com as atividades, sobretudo aquelas de cuidado com os vegetais. A maioria não tinha nenhum tipo de vivência anterior com essas atividades, era uma novidade para eles.

Grande parte dos alunos não tinha hábitos alimentares, envolvendo o consumo de hortaliças e legumes em casa e até na própria escola, isso mudou após a implantação da horta. Segundo os alunos, o contato com a horta despertou a curiosidade de experimentar o alimento que eles próprios ajudavam a produzir e, com isto, passaram a consumir mais vegetais, como coentro, tomate, cenoura, laranja, cebola, alface e brócolis até mesmo em casa. Para Siqueira et al.:

> A horta inserida no ambiente escolar torna-se um laboratório vivo que possibilita o desenvolvimento dos conteúdos que sejam tratados como temas transversais de maneira interdisciplinar na educação formal. Este ambiente pode ser explorado como ferramenta didática, auxiliando no processo de ensino-aprendizagem e permitindo relações através do trabalho coletivo entre os alunos e professores (Siqueira et al., 2016, p. 8).

Já no último questionamento, os alunos relataram gostar das atividades fora da sala de aula, considerados por eles importantes e diferentes, além de mudar a forma de ensino dos docentes, atrelando teoria à prática dentro da própria escola. Essa forma de aprendizado contribui no desenvolvimento, além de contribuir na qualidade de vida dos alunos.

Portanto, considera-se que o cultivo de hortas em espaços escolares tem papel importante na complementação da alimentação escolar, além de proporcionar diversos benefícios difíceis de serem mensurados, como o prazer de plantar, de colher e de comer alimentos de boa qualidade. Também cria-se um espaço de laboratório vivo de ensino, envolvendo professores e alunos em um processo de ensino-aprendizagem significativo e prazeroso.

Considerações finais

O estudo mostrou que a implantação da horta na escola ajudou a melhorar a qualidade da alimentação dos alunos, incentivando o consumo de hortaliças, contribuindo para a formação e o resgate de hábitos alimentares saudáveis, além de servir como atividades didáticas, oferecendo vantagens como a obtenção de alimentos de qualidade a baixo custo.

As oficinas serviram para motivar os professores a inserir nas suas práticas pedagógicas conteúdos teóricos e práticos sobre alimentação saudável, reaproveitamento de alimentos, orientação acerca da importância de uma alimentação saudável e os cuidados com o meio ambiente.

Os resultados alcançados com a implantação da horta em 2015 na Escola Municipal Carmélia de Almeida contribuíram para despertar o interesse por hábitos alimentares saudáveis, incentivando os alunos a produzirem seu próprio alimento, proporcionando aos educandos uma experiência prática na produção de alimentos e manejo do solo, que pode ser transmitida para as suas famílias, visto que as crianças levam para casa aquilo que aprendem na escola. Todavia, por fatores naturais de ordem climática que levaram a comunidade a enfrentar forte escassez de água, o trabalho foi prejudicado. Mas o interesse por parte dos professores e alunos em revitalizar o espaço da horta escolar em 2018 apontam para um trabalho comprometido com a qualidade da educação.

Por fim, cabe ressaltar que as universidades são espaços de produção e disseminação de conhecimento e desempenham um importante papel na educação por meio de pesquisas aplicadas e ações de extensão. Elas podem contribuir significativamente por meio da inserção social para melhoria da qualidade alimentar, para a preservação do meio ambiente e para um processo de ensino-aprendizagem significativo junto às escolas e às comunidades.

2

HORTA ESCOLAR:
UM LABORATÓRIO VIVO *

Márcia Regina Farias da Silva
Carlos Aldemir Farias da Silva
Maria da Conceição Farias da Silva Gurgel Dutra
Marlene Yara Tenório Soares
João Victor da Costa Praxedes

*Uma versão deste capítulo foi publicada na Rematec – Revista de Matemática, Ensino e Cultura, no dossiê Práticas Socioculturais e Aprendizagem da Cultura, em 2023.

Introdução

A horta pode ser trabalhada nas escolas como recurso didático para o ensino de diversas disciplinas, como Ciências, Geografia, História, Matemática, Língua Portuguesa, Artes, entre outras. Além disso, pode relacionar o conhecimento prático ao teórico e promover conhecimentos sobre educação alimentar e ambiental, convívio familiar e em sociedade. A horta contribui para a formação de hábitos alimentares saudáveis e para os cuidados com o meio ambiente.

Para Morgado e Santos (2008), quando inserimos a horta no ambiente escolar, promovemos um laboratório vivo que possibilita o desenvolvimento de diversas atividades pedagógicas em educação ambiental e alimentar, pois relacionamos aspectos teóricos e práticos de forma contextualizada, auxiliamos no processo de ensino-aprendizagem das disciplinas e estreitamos relações pessoais por meio da promoção do trabalho coletivo e cooperado entre os agentes sociais envolvidos.

Nessa direção, a horta escolar pode ser considerada um espaço de aprendizagem prática capaz de promover a interação entre professores e alunos, envolvendo os pais e a comunidade no desenvolvimento de atividades que relacionam temáticas transversais, como educação para saúde, cultura, meio ambiente, qualidade de vida, entre outros. Essas interações contribuem fortemente para o ensino contextualizado e para a promoção da interdisciplinaridade na escola, em especial nos anos iniciais do ensino fundamental.

Os Parâmetros Curriculares Nacionais (Brasil, 1997) consideram a interdisciplinaridade como um eixo integrador que reúne um objeto de conhecimento, um projeto de investigação e um plano de intervenção, por exemplo. A abordagem interdisciplinar deve partir da necessidade das escolas, em especial do corpo docente e discente, que buscam explicação, compreensão, intervenção e mudança de uma situação com a qual uma disciplina não consegue lidar e que precisa atrair o olhar de uma outra área de conhecimento. Para promover um diálogo interdisciplinar e romper com a fragmentação do conhecimento, é preciso "ultrapassar os nossos próprios princípios discursivos, as perspectivas teóricas e os modos de funcionamento em que fomos treinados, formados, educados" (Pombo, 2005, p. 5).

Nesse rumo, a Organização das Nações Unidas (ONU, 2015), por meio da Agenda 2030, estabeleceu os Objetivos do Desenvolvimento Sustentável (ODS). Entre os 17 Objetivos, está o Objetivo 4, que trata de assegurar a educação inclusiva e equitativa e promover oportunidades de aprendizagem ao longo da vida para todos e todas. Entre as metas definidas para o alcance do referido Objetivo, a meta 4.7 estabelece que é preciso garantir que todos os alunos adquiram conhecimentos e habilidades necessárias para promover o desenvolvimento sustentável até o ano de 2030. Isso ocorreria, entre outras maneiras, por meio da educação para o desenvolvimento sustentável e estilos de vida sustentáveis, direitos humanos, igualdade de gênero, promoção de uma cultura de paz e não violência, cidadania global e valorização da diversidade cultural e da contribuição da cultura para o desenvolvimento sustentável.

Ao tomar como base a meta 4.7 do ODS 4, é possível aferir que as atividades de ensino-aprendizagem que favoreçam a interação de atividades teóricas e práticas são primordiais para a promoção de um ensino significativo. Assim, a construção de práticas culturais para a adoção de uma alimentação saudável e de baixo custo se apresenta como necessária em decorrência de modificações sofridas com a urbanização e com o estilo de vida nos centros urbanos. As hortas escolares, familiares ou comunitárias são alternativas possíveis para a melhoria alimentar, o combate à fome e à má nutrição, em particular entre grupos humanos vulneráveis, que, fragilizados socialmente, não usufruem plenamente do direito à alimentação e da dignidade da pessoa humana. As hortas podem promover uma aprendizagem por meio de atividades concretas e contribuir para práticas de sustentabilidade socioambiental.

Nessa direção, de acordo com Silva (2018), no assentamento Boa Fé, no município de Mossoró, estado do Rio Grande do Norte, é possível observar as múltiplas funções desenvolvidas pela agricultura familiar, mesmo com a ocorrência de um longo período de estiagem (2012-2018), que afetou diretamente a segurança alimentar da população local. Logo, a promoção de hortas vem a ser mais uma possibilidade de contribuição para a soberania e a segurança alimentar da população, além da produção de alimentos por meio de sistemas agroalimentares sustentáveis.

Este capítulo apresenta os resultados do projeto de extensão intitulado "Implantação de hortas agroecológicas em escolas públicas na zona rural de Mossoró (RN)[5]", desenvolvido de 2017 a 2018. Inicialmente, foram realizados estudos voltados à implantação de hortas escolares, tomando como base a atividade de implantação de hortas e a adoção de práticas agroecológicas de cultivo.

Os temas abordados neste estudo foram: educação para saúde, soberania e segurança alimentar e produção agroecológica e meio ambiente. Tais temas auxiliaram no direcionamento da construção das palestras e das oficinas que foram desenvolvidas junto aos alunos do ensino fundamental da rede municipal de ensino no intuito de subsidiar o debate sobre a importância da implantação de hortas agroecológicas em escolas da zona rural de Mossoró, estado do Rio Grande do Norte (RN).

Objetivou-se ampliar os conhecimentos teóricos e práticos acerca da importância da implantação de modelos de hortas agroecológicas em espaços escolares, envolvendo os atores sociais locais e orientando-os para o desenvolvimento de palestras e oficinas de formação para professores e estudantes do ensino fundamental, na comunidade rural assentada de Boa Fé, no município de Mossoró (RN).

Metodologia

De acordo com o Instituto de Desenvolvimento Sustentável e Meio Ambiente (IDEMA, 2008), o município de Mossoró, localiza-se no estado do Rio Grande do Norte e abrange uma área de 2.110,21 km², equivalente a 4% da área estadual. A região é caracterizada por clima muito quente e semiárido, com temperaturas médias anuais que variam entre 21° C (min.)

---

[5] O projeto de extensão "Implantação de hortas agroecológicas em escolas públicas na zona rural de Mossoró (RN)" foi desenvolvido por meio do edital de carga horária da Pró-Reitoria de Extensão – Proex/UERN, 2017/2018.

e 36° C (máx.), com umidade relativa anual média de 70%. O período chuvoso começa em fevereiro e se estende até abril. A vegetação é formada por caatinga hiperxerófila, apresentando abundância de cactáceas e plantas de porte baixo, carnaubal com predominância da palmeira e carnaúba, e vegetação halófila, que suporta grande salinidade em decorrência da penetração da água do mar nas regiões baixas marginais dos cursos d'água.

De acordo com Silva (2018), o Projeto de Assentamento Boa Fé, localiza-se no município de Mossoró (coordenadas geográficas 5°03'07"S 37°20'23"O), e se estabeleceu em 2001. O assentamento conta com 17 hectares que destinam-se à produção e que são distribuídos pelos 40 assentados. No ano de 2015, foi o primeiro assentamento do Rio Grande do Norte a receber o Selo de Inspeção Municipal (SIM), que assegura a qualidade do produto, para a comercialização de mel. O acesso a Boa Fé se dá pela BR-304, com destino a Fortaleza, e fica a cerca de 15 km de distância do centro de Mossoró (figura 21).

Figura 21. Mapa de localização do Assentamento Boa Fé, município de Mossoró (RN).

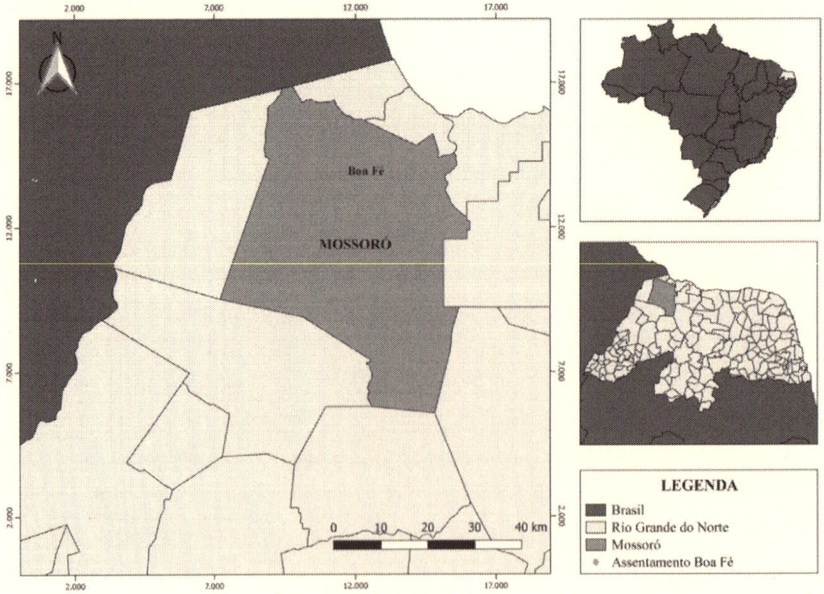

Fonte: Silva (2018).

Caracterização da escola[6]

De acordo com o censo escolar de 2020, a infraestrutura da Escola Municipal Adolfo Sabino da Silva conta com alimentação escolar para os alunos, água filtrada, água de cacimba, energia da rede pública e fossa séptica, queima de lixo e acesso à internet banda larga. A Escola também dispõe de equipamentos como impressora e televisão. Em relação às instalações físicas, são 3 salas de aula, sala de direção, cozinha e dispensa.

A Escola oferece educação infantil unificada, com aulas no período da manhã, uma turma com 11 alunos em média. Oferta também o ensino fundamental I, com turmas multisseriadas e aulas que ocorrem no período da manhã, com uma média 9 alunos por turma. Além das disciplinas curriculares, os alunos têm aulas de Teatro, Dança, Música, Artes Plásticas e Ensino Religioso.

Procedimentos metodológicos

Este estudo é parte das atividades desenvolvidas junto ao Laboratório de Ecologia Aplicada (LEA), que atua como um espaço para estudos interdisciplinares na área de ecologia aplicada, buscando relacionar atividades de ensino, pesquisa e extensão. O LEA é um dos laboratórios do curso de graduação em Gestão Ambiental e está situado na Faculdade de Ciências Econômicas (FACEM) da Universidade do Estado do Rio Grande do Norte (UERN). O referido Laboratório é responsável pelas sementes e as mudas, que quase sempre são produzidas nas dependências da UERN e, em seguida, são conduzidas às escolas (figuras 22, 23 e 24).

---

[6] Disponível em: https://www.escol.as/78885-escola-municipal-adolfo-sabino-da-silva. Acesso em: 01 set. 2021.

Figura 22. Preparação de mudas pelos estagiários para hortas escolares, 2018

Fonte: Acervo do Projeto, 2018.

Figura 23. Preparação de mudas para implantação de hortas escolares, 2018

Fonte: Acervo do Projeto, 2018.

Figura 24. Muda de hortelã, 2018

Fonte: Acervo do Projeto, 2018.

As ações deste estudo foram desenvolvidas no segundo semestre de 2018 e as atividades desenvolvidas na Escola Municipal Adolfo Sabino da Silva ocorreram entre os meses de setembro e novembro do mesmo ano.

Inicialmente, foi realizada uma pesquisa bibliográfica e documental sobre os temas saúde, soberania e segurança alimentar, meio ambiente e agroecologia. Aconteceram rodas de conversas, visando a debater temas de relevância para o desenvolvimento das ações realizadas no Assentamento Boa Fé. O primeiro passo foi realizar uma reunião com os servidores e estudantes, na qual foi solicitada a adesão da escola ao projeto, bem como a solicitação do Termo de Consentimento Livre e Esclarecido (TCLE) e do Termo de Autorização do Uso de Imagem (TAUI).

As atividades desenvolvidas em campo foram alinhadas com as atividades do projeto de extensão já mencionado, com o intuito de implantar hortas agroecológicas em escolas da zona rural de Mossoró, com enfoque nas temáticas educação para saúde, soberania e segurança alimentar e meio ambiente. A proposta da horta escolar foi melhorar a qualidade alimentar dos estudantes e servidores das escolas, bem como implantar um espaço experimental e didático para as aulas de diferentes disciplinas curriculares.

Para tanto, foram desenvolvidas atividades de formação para professores e estudantes, conforme as figuras 25 e 26 apresentam.

Figura 25. Formação sobre alimentação saudável para o corpo docente e merendeira, 2018

Fonte: Acervo do Projeto, 2018.

Figura 26. Formação sobre horta escolar para o corpo docente e merendeira, 2018

Fonte: Acervo do Projeto, 2018.

Acredita-se que as atividades do projeto subsidiaram os ensinamentos dos conteúdos teóricos e o desenvolvimento de práticas, a partir da implantação das hortas nas escolas. A horta foi desenvolvida com o auxílio dos servidores (professores e merendeiras) e dos estudantes da Escola Municipal Adolfo Sabino da Silva.

As ações de formação – palestras, oficinas, roda de conversas, entre outras – foram desenvolvidas em sala de aula junto aos estudantes que puderam participar das atividades realizadas por alunos de mestrado e graduação da UERN envolvidos no projeto. Os temas abordados nas formações foram a alimentação saudável e a importância da implantação e manutenção da horta (figuras 27 e 28).

Figura 27. Oficina com os estudantes sobre alimentação saudável, 2018

Fonte: Acervo do Projeto, 2018.

Figura 28. Oficina de implantação e manutenção de horta escolar, 2018

Fonte: Acervo do Projeto, 2018.

Foram organizadas atividades recreativas com balões em formato de maçãs, músicas, pinturas, cartazes (figura 29) e o bingo das frutas. Também foram realizadas atividades práticas como uma programação voltada para produção de lanches saudáveis na cantina da escola. Assim, preparamos sucos e saladas de diferentes frutas para estimular os alunos a consumi-las, além de sanduíches naturais, sopas e outros alimentos saudáveis.

Figura 29. Cartazes feitos com os estudantes, 2018

Fonte: Acervo do Projeto, 2018

Para finalizar as atividades que antecederam a implantação da horta, os estudantes realizaram atividades de limpeza da área, a marcação e a confecção dos canteiros, e a escolha da área para o plantio das hortaliças.

Resultados e discussão

Para implantação da horta agroecológica, os estagiários do projeto e a escola se responsabilizam em organizar e preparar os canteiros e delimitar o local para o plantio. Cabe ressaltar que o estado do Rio Grande do Norte, particularmente o semiárido potiguar, passava por um período de estiagem prolongada durante a execução do projeto. Todavia, apesar do período de desenvolvimento do projeto ter sido o ano de 2018, não houve uma preocupação por parte da equipe e dos servidores da escola em relação à disponibilidade hídrica para a realização das atividades propostas, pois havia uma reserva hídrica na cisterna. No mês de novembro, foi realizada mais uma visita à comunidade para a implantação da horta agroecológica, que contou com a participação de alunos, professores, pais de alunos e moradores da comunidade.

O local para a instalação da horta foi escolhido pelos professores e alunos, foi apontado pelos docentes o espaço de construção dos canteiros e o terreno foi previamente preparado. Antes de se iniciar a construção dos canteiros, foi realizada a limpeza no terreno. Os canteiros ficaram localizados em uma área do terreno circunvizinho à escola, um terreno plano, com boa luminosidade, próximo a um local de fácil acesso à água, uma vez que a escola dispõe de uma cisterna para o armazenamento da água das chuvas. O terreno ao redor dos canteiros não era impermeabilizado, possibilitando uma melhor absorção da água pelo solo.

Os materiais e as ferramentas utilizadas para implantação da horta foram disponibilizados pelo LEA/UERN e levadas até a comunidade por transporte da UERN. A escola também já dispunha de algumas ferramentas e o que faltava foi disponibilizado pelos pais dos alunos e pela comunidade. Foram utilizadas enxadão, regador, ancinho, sacho, carro de mão, entre outras ferramentas para a preparação do terreno e das hortas.

O plantio, o monitoramento e a colheita foram realizados pelos membros da comunidade escolar. Todavia, os estagiários do projeto semanalmente auxiliavam e acompanhavam os trabalhos na horta escolar e, por meio de um grupo no aplicativo de mensagens whatsapp, passaram a prestar assessoria em relação ao cultivo e aos cuidados necessários com o plantio, a germinação, a colheita e a produtividade (figuras 30 e 31).

Figura 30. Canteiro de alface, horta escolar, Boa Fé, 2018

Fonte: Acervo do Projeto, 2018.

Figura 31. Canteiro cultivado, horta escolar, Boa Fé, 2018

Fonte: Acervo do Projeto, 2018.

Foram cultivadas hortaliças como alface, beterraba, cebolinha, cenoura, coentro, couve, pimentão, salsa e tomate. Havia na escola árvores frutíferas como acerola e romã, assim foi realizado um trabalho de incentivo ao plantio de novas frutíferas, tendo em vista a visível escassez de árvores no assentamento Boa Fé. Também incentivamos a criação de um canteiro com ervas medicinais para servir como repelentes naturais aos insetos (quadro 2).

Quadro 2. Espécies cultivadas na horta escolar, 2018

Hortaliças	Ervas medicinais	Frutas
Alface	Boldo	Acerola
Beterraba	Capim-santo	Romã
Cebolinha	Erva-cidreira	
Cenoura	Erva-doce	
Coentro	Hortelã miúdo	
Couve	Malva	
Pimentão		
Salsa		
Tomate		

Fonte: Pesquisa de campo, 2018.

Após a colheita, as hortaliças foram levadas para o refeitório da escola, foram higienizadas e preparadas para a merenda dos estudantes. A equipe do projeto repassou todos os cuidados com a manutenção da horta para os responsáveis pela escola como forma de garantir a continuidade da ação (figura 32).

Figura 32. Hortaliças colhidas da horta escolar, 2018

Fonte: Acervo do Projeto, 2018.

Espera-se que os alunos possam conhecer melhor as hortaliças e se envolver com a horta e demais atividades desenvolvidas no projeto e que as espécies cultivadas na horta despertem o interesse dos estudantes pela ingestão de verduras, hortaliças e frutas, favorecendo a qualidade da alimentação. Para Morgado e Santos (2008), o contato direto com os alimentos contribui para que o comportamento alimentar das pessoas se volte para o consumo de produtos naturais e saudáveis, oferecendo um contraponto à ostensiva propaganda de produtos industrializados e do tipo *fast-food*. As autoras destacam ainda que "as hortaliças cultivadas na horta escolar, quando presentes na alimentação escolar, fazem muito sucesso, ou seja, todos querem provar, pois é fruto do trabalho dos próprios alunos" (Morgado; Santos, 2008, p. 3).

Dessa maneira, é possível perceber que um dos principais objetivos da implantação de hortas escolares é a promoção da segurança alimentar e nutricional das crianças e da comunidade envolvida no contexto do direito humano à alimentação adequada.

Além da horta escolar, foram desenvolvidas oficinas sobre segurança alimentar, cuidados com hortas, colheita e replantio, trabalhando o envolvimento e a manutenção das hortas, com o objetivo de estender o trabalho a todos os envolvidos. É importante ressaltar que a comunidade escolar se interessou em realizar o aproveitamento dos resíduos vegetais, tais como palhas, galhos, restos de cultura, cascas e polpas de frutas e folhas para realizar o processo de compostagem e utilização dos compostos nos canteiros. Foi também expressa a vontade da comunidade escolar de realizar o cultivo de plantas ornamentais, com a finalidade de implantar um jardim na escola.

Durante a reunião de avaliação das ações do projeto na Escola, foram relatadas as atividades desenvolvidas com foco na horta escolar. Os pais se mostraram receptivos e reconheceram a importância e a possibilidade dos filhos se alimentarem melhor e se interessarem por uma alimentação mais saudável por meio do envolvimento com a horta. Os professores foram orientados a levar os pais aos canteiros para que eles pudessem observar o trabalho desenvolvido. Alguns mencionaram que os filhos não consumiam frutas e verduras na alimentação e a horta auxiliou e mudou essa atitude.

Considerações finais

As ações implantadas por meio do projeto foram pautadas na realidade do público-alvo. A implantação de uma horta escolar requer uma metodologia específica no que concerne às responsabilidades e funções sociais de cada profissional envolvido nas ações como a realidade dos estudantes e de suas famílias. As ações buscaram contribuir para formação de hábitos alimentares e cuidados com o meio ambiente, com o propósito de promover a transformação social, preparando os participantes para assumirem sua função de sujeitos ativos numa sociedade em constante transformação.

Apesar das dificuldades de locomoção e contratempos para a execução do projeto, a vivência e a troca de conhecimentos entre os estagiários, servidores e estudantes foi satisfatória. Como filhos de agricultores, os estudantes já conheciam as técnicas de implantação de uma horta e muitos já plantavam hortaliças em suas residências, o que facilitou a execução do projeto.

Na Escola Adolfo Sabino da Silva, ocorreu um envolvimento amplo por parte das docentes, discentes, merendeiras e direção, além dos pais dos alunos e da comunidade, que participaram ativamente na preparação do terreno e dos canteiros para implantação da horta. Nessa direção, é importante destacar que as atividades de extensão universitárias devem estar em consonância com as necessidades e expectativas do público-alvo para que obtenham sucesso.

A importância da horta escolar para melhoria dos hábitos alimentares foi mencionada por todos os envolvidos e torna-se claro que essa prática poderá contribuir para a formação de hábitos de consumo de legumes e hortaliças na dieta dos estudantes.

Portanto, a implantação da horta é também uma estratégia didática que pode ser utilizada pelas docentes para o desenvolvimento de diferentes temas nas suas aulas, aproximando os estudantes do meio ambiente e ultrapassando a prática tradicional do ensino disciplinar em sala de aula.

3

HORTA ESCOLAR EM UMA UNIDADE DE CONSERVAÇÃO DE USO SUSTENTÁVEL *

Márcia Regina Farias da Silva
Carlos Aldemir Farias da Silva
Regina Cleane Marrocos
Fernanda Rízia Fernandes da Rocha

* Texto produzido a partir dos resultados do projeto "Práticas educativas e formação de multiplicadores", com vista ao fortalecimento da segurança alimentar e nutricional. Projeto de Pesquisa Edital CNPq/MDS-SESAN Nº 027/2012 (Silva, 2013).

Introdução

A preservação e/ou a conservação da biodiversidade e dos recursos naturais tem sido um dos constantes temas discutidos em escala planetária, motivado, principalmente, pelas inúmeras ameaças de extinção de espécies da fauna e flora, pela exploração desordenada dos recursos naturais e pela ação antrópica nos mais diversos biomas. No que se refere à realidade brasileira, é visível a necessidade de formar cidadãos com competências capazes de entender e participar ativamente de ações que busquem a melhoria da qualidade de vida e ambiental.

A Reserva de Desenvolvimento Sustentável Estadual Ponta do Tubarão (RDSEPT), localizada no Estado do Rio Grande do Norte, está inserida nesse contexto. É uma área de grande relevância para pesquisas, estudos, programas e, principalmente, projetos que viabilizam a educação ambiental, a efetivação de áreas de proteção, a conservação da biodiversidade e dos recursos naturais, bem como a proteção das comunidades tradicionais ali residentes (IDEMA, 2008).

Entende-se que a RDSEPT é de suma importância para o desenvolvimento de projetos que visem incentivar ações voltadas a sustentabilidade local. Assim, a participação de alunos e professores, bem como da comunidade em geral, pode desempenhar um papel fundamental para o desenvolvimento local sustentável.

Com isso, a gestão participativa, como a que foi proposta pelo conselho gestor da RDSEPT, pode ser subsidiada com a realização de simples práticas de educação ambiental por meio de atividades coletivas escolares e comunitárias, visando à promoção de ações capazes de contribuir para conscientizar e sensibilizar os moradores locais e a população do entorno da reserva para a promoção da sustentabilidade socioambiental (REDE, 2015).

Este capítulo tem por objetivo elencar ações voltadas para educação ambiental, implantação de horta escolar e práticas de manejo e conservação dos recursos naturais, ressaltando a importância da educação para melhoria da qualidade alimentar e nutricional, tendo como ponto de partida o espaço escolar.

Metodologia

Caracterização da Reserva de Desenvolvimento Sustentável Estadual Ponta do Tubarão

A Reserva de Desenvolvimento Sustentável Estadual Ponta do Tubarão está localizada no norte da região costeira do estado do Rio Grande do Norte (figura 1), abrangendo parte dos municípios de Macau e Guamaré. Foi criada a partir da Lei nº 8.349 de 17 de julho de 2003, instituída dentro da categoria de Unidade de Uso Sustentável ou Reserva de Desenvolvimento Sustentável – RDS dentro da Unidade de Conservação. A Reserva faz parte do bioma caatinga e tem como órgão gestor o Instituto de Desenvolvimento Econômico e Meio Ambiente do Rio Grande do Norte (IDEMA/RN), o qual está vinculado à Secretária Estadual de Planejamento (Silva, 2018).

Figura 33. Mapa de Localização da RDS Estadual Ponta do Tubarão, 2019

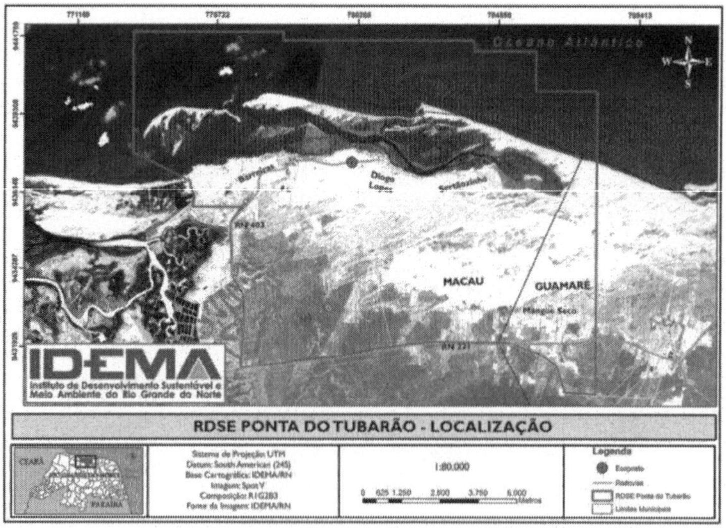

Fonte: Nóbrega e Musse (2019).

A área da Reserva abrange dez comunidades nos dois municípios, a saber: Barreiras, Diogo Lopes, Sertãozinho, Cacimba da Baixa, Pau Feito, Soledade e Chico Martins, pertencentes ao município de Macau; e Mangue Seco I e II e Lagoa Doce, pertencentes ao município de Guamaré. A economia dessas comunidades é baseada na agricultura de subsistência e na pesca artesanal. As comunidades de Diogo Lopes, Barreiras e Sertãozinho são classificadas como pesqueiras (Silva, 2018) (figura 34).

Figura 34. Vista da Reserva de Desenvolvimento Sustentável Estadual Ponta do Tubarão, 2016.

Fonte: Acervo do Projeto, 2016.

A Reserva possui uma área de 12.960 hectares e sua criação resultou das reivindicações das comunidades do entorno, que se preocupavam com a proteção de uma área que tem grande importância para as populações tradicionais, que têm a pesca tradicional sua principal fonte de renda e de trabalho. A RDSEPT foi criada no estado do RN com perspectiva de atrair novos olhares para as implicações ambientais da área e do seu entorno, que sofria possíveis ameaças de extinção de sua fauna e flora. Uma delas vinha do setor imobiliário, cujos interesses remetem à construção de polos industriais de gás e petróleo, salinas e carcinicultura. Tais atividades promovem a degradação dos recursos naturais e ecossistemas (restinga, caatinga, mangues, dunas e outros), além da desocupação e a remoção das populações tradicionais (Silva, 2018).

A RDSEPT engloba uma vasta área de ecossistemas diversificados e de relevância para a conservação de espécies e é composta por caatinga, mangues, dunas e a área marinha, que abriga um grande número de espécies aquáticas que são importantes para as comunidades pesqueiras. Para a gestão viável da Reserva, foram instituídos instrumentos como o zoneamento ambiental e o plano de manejo que servem de enclave para o fomento e a implantação de políticas públicas e leis que asseguram a conservação e o manejo dos recursos em uma determinada área (REDE, 2015).

Cabe ressaltar que o plano de manejo é um "documento técnico mediante o qual, com fundamento nos objetivos gerais de uma unidade de conservação, se estabelece o seu zoneamento e as normas que devem presidir o uso da área e o manejo dos recursos naturais, inclusive a implantação das estruturas físicas necessárias à gestão da unidade" (Lei nº 9.985/2000, Art.2º, inciso XVII). Trata-se do principal instrumento de gestão da área, sendo proibidas quaisquer atividades que estejam em desacordo com as diretrizes e normas estabelecidas pela lei (Estado do Rio Grande do Norte, 2000).

A criação de Unidades de Conservação viabiliza a redução dos atuais problemas, o que evidencia a preocupação por parte da sociedade e do poder público com as gerações futuras e com as mais variadas espécies da fauna e flora existentes em nosso planeta (Brasil, 2000). Esses espaços garantem uma série de vantagens, sem as quais o ambiente jamais teria capacidade de "sobreviver" em meio a tantos impactos humanos, com vista a um crescimento essencialmente de cunho econômico e capitalista (Medeiros, 2015).

Caracterização da Escola Municipal Maria da Salete Martins[7]

Segundo o *site Escol.as*, que é uma base de dados de escolas do Brasil, (2021), a Escola Municipal Maria da Salete Martins, localizada em Sertãozinho, Macau, Rio Grande do Norte, oferece a estrutura necessária para

---

[7] https://www.escol.as. Acesso em: 22 ago. 2021.

a comodidade e o desenvolvimento educacional dos seus alunos, como, por exemplo: internet banda larga, sala de leitura, pátio coberto, sala de professores e alimentação.

A infraestrutura da Escola conta com água filtrada, água de poço artesiano, energia elétrica da rede pública, fossa e lixo destinado à coleta periódica. Segundo dados do censo escolar 2020, possui em suas instalações 4 salas de aulas, sala de diretoria, sala de professores, cozinha, banheiros e sala de secretaria, além de dispensa e pátio coberto. A Escola também possui televisão, aparelho de som, projetor multimídia e computadores. Funciona nos turnos matutino e vespertino.

Cabe ressaltar que a Escola Maria da Salete Martins ofertava o ensino fundamental no período de realização desta pesquisa 2015/2016 e atualmente só conta com a educação infantil.

Procedimento metodológico

Para a realização deste estudo, foi feita uma pesquisa bibliográfica e documental a partir de bases de dados digitais e de consultas a órgãos oficiais, como o Instituto de Desenvolvimento Sustentável e Meio Ambiente (IDEMA) e o Ministério do Meio Ambiente (MMA), e instituições especializadas como organizações não governamentais voltadas para proteção ambiental. Ademais, foram consultados livros e artigos científicos relacionados às temáticas hortas escolares, educação ambiental, educação para saúde, gestão dos recursos naturais e desenvolvimento sustentável.

O desenvolvimento do projeto de pesquisa no território da RDSEPT foi possível depois de uma reunião ordinária com o Conselho Gestor da Reserva de Desenvolvimento Sustentável Estadual Ponta do Tubarão para a apresentação do projeto. Após a sua aprovação, foi solicitado o termo de autorização junto ao IDEMA e só assim foi possível iniciar as atividades de pesquisa.

O contado com a diretoria Escola Municipal Maria da Salete Martins foi intermediado por um pesquisador da Universidade do Estado do Rio Grande do Norte (UERN), que já realizava pesquisas no RDSEPT. A partir disso, foi marcada uma reunião para apresentação da proposta na escola, momento em que foram solicitados os Termos de Adesão (TA) da escola ao projeto, o Termo de Consentimento Livre e Esclarecido (TCLE) e o Termo de Autorização do Uso de Imagem (TAUI).

Como procedimento metodológico, foram realizadas observações *in loco* e registros fotográficos durante a implantação da horta na Escola Municipal Maria da Salete Martins, na comunidade de Sertãozinho.

Com o intuito de entender melhor a importância da horta escolar, foram realizadas conversas informais com os professores e os alunos que participaram das atividades. Assim, a metodologia foi empregada com o intuito de coletar informações sobre a área de estudo, conhecer e entender a utilização dos recursos que promovem o desenvolvimento de atividades sustentáveis nas comunidades da RDSEPT e a conservação da biodiversidade local e das áreas circunvizinhas, bem como compreender a importância da horta escolar para os estudos relacionados à educação para saúde, à melhoria da qualidade alimentar e à educação ambiental.

Resultados e discussão

As atividades foram desenvolvidas na comunidade de Sertãozinho, localizada nos limites da RDSEPT. Trata-se de uma das comunidades contempladas pelo projeto "Práticas alimentares e formação de multiplicadores, com vista ao fortalecimento da segurança alimentar e nutricional" que é a mais acessível da RDSEPT e porque a Escola Maria da Salete Martins concordou em aderir ao projeto. Por isso, a escolha da comunidade.

Inicialmente, o projeto foi apresentado para a diretora, professores e alunos. A apresentação foi de suma importância para que todos entendessem a proposta e os benefícios que a escola receberia com a implantação de uma horta agroecológica, bem como com a promoção de uma semana de oficinas e palestras voltadas para a promoção da alimentação saudável.

Durante a primeira visita à escola, foi identificado um espaço adequado para a implantação de uma horta. Desse modo, foi realizado o reconhecimento da área onde seria construída a horta. Os professores e os alunos demonstraram interesse pela ideia de possuir uma horta agroecológica no ambiente escolar, com o intuito de inserir temas relacionados à educação ambiental e alimentação saudável nas suas aulas, incentivando a formação de novos hábitos alimentares na escola.

Ciclo de oficinas desenvolvidas na Escola Maria da Salete Martins

Antes da implantação da horta, foi realizada uma formação para discutir temas relacionados com a implantação da horta agroecológica. A I Semana de Alimentação Saudável da Escola Municipal Maria da Salete Martins contou com oficinas para envolver professores, merendeira, alunos, familiares e a comunidade em geral nos debates relativos às temáticas propostas no evento.

Foi realizada uma oficina voltada para os alunos do 4° e 5° ano do ensino fundamental que teve como objetivo discutir "os perigos causados pelo consumo intensificado de alimentos industrializados e a promoção da alimentação saudável".

Durante a oficina, exibimos um vídeo que abordou a questão da obesidade infantil no Brasil e as doenças decorrentes dos maus hábitos alimentares na infância. Os alunos participaram da oficina, tornando a atividade mais dinâmica, interagindo com perguntas acerca de uma alimentação saudável, da importância do consumo de frutas e verduras para uma vida saudável e da inserção desses alimentos no cardápio da alimentação escolar (Santos et al., 2020).

A segunda oficina tratou da alimentação saudável e dos grupos dos alimentos da "pirâmide alimentar". A oficina também foi direcionada aos alunos do ensino fundamental e foi dividida em dois momentos: no primeiro, trabalhamos a pirâmide alimentar de maneira ilustrativa, mostrando aos alunos que cada grupo de alimentos desempenha funções necessárias para o bom funcionamento do nosso organismo e a importância destes alimentos para uma vida saudável.

O segundo momento contou com o auxílio da merendeira da Escola Maria da Salete Martins para o preparo de lanche saudável com sucos variados e sanduíches naturais envolvendo os alunos que participaram do projeto. A atividade foi realizada com objetivo de melhorar o sabor do lanche da escola e incentivar o consumo de alimentos saudáveis no espaço escolar (figura 35).

Figura 35. Oficina sobre alimentação saudável na Escola Municipal Maria da Salete Martins, 2015

Fonte: Acervo do Projeto, 2015.

A terceira oficina, direcionada para professores, merendeira e as mães dos alunos da escola, ressaltou a importância da alimentação regional e foi ministrada pela nutricionista da Secretaria de Educação de Macau. Ela abordou temas como o reaproveitamento de alimentos e os cuidados com a higiene na hora de preparar e manipular os alimentos.

A horta: espaço de interações e aprendizagens

Após as discussões teóricas, todos iniciaram a construção dos canteiros para implantação da horta. Inicialmente, foi realizado o nivelado do terreno, depois o preparo do solo, utilizando adubo orgânico, palha e areia lavada. Os canteiros da horta foram produzidos com o uso de garrafas pet, madeiras e tijolos. Os alunos participaram da construção da horta, ajudando em todas as etapas. Foram construídos cinco canteiros, três de madeira e dois de garrafa pet, (figuras 36, 37 e 38).

Figura 36. Início da construção dos canteiros para implantação da horta escolar, 2015

Fonte: Acervo do Projeto, 2015.

Figura 37. Canteiro de garrafas pet para implementação da horta escolar, 2015.

Fonte: Acervo do Projeto, 2015

Figura 38. Canteiro de madeira para implementação da horta escolar, 2015

Fonte: Acervo do Projeto, 2015.

O passo seguinte foi o plantio das sementes, que foi realizado com a participação dos alunos da escola, sob as orientações dos discentes de graduação envolvidos no projeto. Os alunos e servidores da Escola Maria da Salete Martins ficaram responsáveis por cuidar da horta. Os cuidados se relacionam com a manutenção dos canteiros, a retirada das ervas daninhas, a verificação de insetos que possam interferir no desenvolvimento das hortaliças, a rega e a adubação, bem como a colheita e os novos plantios (Araújo, 2011).

Com as responsabilidades repassadas para comunidade escolar, a diretora da escola estabeleceu um cronograma dividindo as tarefas entre os alunos, determinando que cada turma ficasse responsável por realizar a rega da horta semanalmente. O monitoramento geral da horta foi realizado sob as orientações dos participantes do projeto (figura 39).

Cabe ressaltar que, após cinco dias da atividade de plantio, já observamos o crescimento de algumas hortaliças, como alface e cebolinha nos canteiros. As espécies de hortaliças introduzidas inicialmente foram coentro, alface, tomate, cebolinha e pimentão. Todavia, foi observado o interesse por parte da comunidade escolar em diversificar o número de espécies e ampliar a horta.

Figura 39. Canteiro da horta escolar na Escola Municipal Maria da Salete Martins, 2015

Fonte: Acervo do Projeto, 2015.

Como forma de dar continuidade à atividade, quatro meses após a implantação da horta escolar, um grupo de alunos participantes do projeto realizaram uma visita à Escola Maria da Salete Martins para realizar o monitoramento da horta (figuras 40 e 41). O objetivo foi orientar a Escola acerca do manejo das espécies, indicando e propondo soluções para possíveis problemas encontrados.

Figura 40. Primeiros plantios no canteiro da horta na Escola Municipal Maria da Salete Martins, 2015

Fonte: Acervo do Projeto, 2015.

No segundo momento, foi realizada a rega dos canteiros com os alunos da escola para manter os nutrientes do solo provenientes da adubação e recuperação das hortaliças que tiveram o crescimento prejudicado pela falta de água que ocorreu na escola e prejudicou o desenvolvimento da horta.

Figura 41. Coentro colhido no canteiro da horta na Escola Municipal Maria da Salete Martins, 2015

Fonte: Acervo do Projeto, 2015.

Por fim, ocorreu uma conversa com os servidores da escola (diretora, professores, merendeira e alunos) que colaboraram com as ações realizadas na horta escolar. Naquele momento, reforçamos os ensinamentos básicos sobre os cuidados necessários com a horta. Todo o processo resultou numa primeira colheita e no replantio dos canteiros. Assim, foi possível notar como uma atividade simples de implantação de hortas no ambiente escolar desperta o interesse de todos os envolvidos. Além disso, proporciona uma conscientização coletiva e divertida sobre a importância da soberania alimentar.

Considerações finais

A partir da implantação da horta agroecológica na Escola Municipal Maria da Salete Martins na comunidade de Sertãozinho, RDSEPT, é possível afirmar que as hortas escolares são espaços que servem para despertar uma consciência ambiental para o desenvolvimento alimentar saudável e a construção de um ambiente voltado para as práticas ambientais. As atividades desenvolvidas poderão incluir a ideia de interdisciplinaridade nas aulas e torná-las prazerosas e diversificadas, proporcionando o diálogo entre teoria e prática em um campo de interações reais e visíveis à percepção dos estudantes.

Além disso, as hortas também podem contribuir para a inserção na escola da comunidade, reunindo pais e familiares dos estudantes no projeto e, consequentemente, fortalecendo a parceria escola-família. Isso tem grande importância na RDSEPT, pois a consolidação de um ambiente sustentável nas Unidades de Conservação é um requisito essencial à utilização dos recursos provenientes da natureza por parte das comunidades locais. Também é relevante observar que o adequado manejo e destino dos recursos naturais são de evidente importância para projetos ambientais de conscientização, sensibilização, envolvendo as pessoas que vivem na RDSEPT. Concomitantemente, isso depende da implementação de políticas públicas que gerenciem os recursos de forma eficiente.

Por fim, é importante mencionar que os alunos aprenderam usar materiais alternativos, o que possibilitou que todos criassem hortas em casa. A participação dos discentes nas etapas de planejamento até a colheita proporcionou um bem-estar e uma conscientização em relação à importância de se obter seu alimento de forma saudável, sustentável, cultural e local.

4

PLANTANDO SE APRENDE A COLHER: A IMPLANTAÇÃO DE UMA HORTA ESCOLAR NO ENSINO FUNDAMENTAL

Fernanda Rízia Fernandes Rocha
Márcia Regina Farias da Silva
Maria da Conceição Farias da Silva Gurgel Dutra
Nildo da Silva Dias

Introdução

Situações de insegurança alimentar e nutricional podem ser detectadas a partir de diferentes tipos de problemas: fome, obesidade, doenças associadas à má alimentação e ao consumo de alimentos de qualidade duvidosa ou prejudicial à saúde. A produção de alimentos que prejudicam o meio ambiente, os preços abusivos e a imposição de padrões alimentares que não respeitam a diversidade cultural também provocam insegurança alimentar (Brasil, 2015).

Muitas doenças podem ser prevenidas desde a infância por meio de uma dieta adequada, rica em fibras e nutrientes. Grandes mitos da medicina se tornam agora realidade quando olhamos para o tipo de alimentação da população ao passar das décadas. O Brasil passa por um processo de transição nutricional que se manifesta por meio de dois graves problemas de saúde pública: a desnutrição e a obesidade (Brasil, 2009).

Uma pesquisa do Ministério da Saúde (2015) relata que o índice de brasileiros com problemas de obesidade atinge 52,5% da população, o que significa um crescimento de 23% em relação a estudos realizados em 2006. A obesidade acarreta doenças crônicas, como as do coração, a hipertensão e a diabetes, que correspondem a 72% dos óbitos no Brasil. Com relação às crianças, 58,9% foram diagnosticadas com excesso de peso para a idade, muitas vivem em zonas de risco com problemas de má alimentação (Brasil, 2015). Entre os adultos (20 anos ou mais), 56,5% dos homens e 49,1% das mulheres apresentam características de obesidade.

Com o aumento do consumo de produtos industrializados que não respeitam nem a produção sustentável de alimentos, nem a saúde alimentar dos consumidores, surge a necessidade de promover e recomendar à população práticas a respeito da alimentação saudável, a fim de orientá-la em relação às deficiências nutricionais e à prevenção das doenças crônicas não transmissíveis (Sichieri et al., 2000).

A escola é um ambiente propício para a aplicação de programas de educação em saúde, pois se insere em todas as dimensões: ensino, relações lar-escola-comunidade e ambiente físico e emocional. A adoção de hábitos saudáveis trará melhor qualidade de vida, capacitando crianças e jovens para fazer escolhas corretas sobre comportamentos que promovam a saúde do indivíduo, da família e da comunidade (Davanço et al., 2004).

Uma alimentação saudável deve ser baseada em práticas alimentares com significação social e cultural e deve ser propagada, principalmente, entre crianças em fase inicial de escolarização, visto que é ainda na infância que os hábitos alimentares são formados. Destaca-se a importância da educação alimentar a partir da escola como fator indispensável para a promoção da saúde, visto que grande parte dos atores impactados com a situação de risco alimentar passam parte do seu tempo dentro da instituição, o que a faz merecer papel de destaque no aumento da qualidade de vida de seus educandos (Capra et al., 2005).

Logo, criar espaços capazes de propagar o conhecimento sobre a alimentação saudável e a qualidade de vida no âmbito escolar é essencial para a promoção da saúde. A horta escolar surge como um espaço capaz de provocar discussões interdisciplinares oportunas às mudanças de cotidiano dos estudantes e como um espaço de ensino-aprendizagem onde a prática auxilia a interação entre os envolvidos (Cribb, 2007).

O trabalho realizado com a horta escolar proporciona uma compreensão da necessidade de conservação do meio ambiente; desenvolve a capacidade do trabalho em equipe e de cooperação; proporciona um maior contato com a natureza; e modifica os hábitos alimentares dos alunos, além da percepção da necessidade de reaproveitamento de materiais recicláveis para construção dos canteiros. Embora saiba-se que a mudança de hábitos alimentares requer tempo, também entende-se que uma prática pedagógica eficaz em relação à sensibilização dos envolvidos e ao apoio da escola podem transformar os valores alimentares, contribuindo para uma sociedade mais saudável. Dessa forma, cumpre o papel da educação para a saúde, formando jovens comprometidos em multiplicar hábitos alimentares saudáveis (Cribb, 2007).

Ao tomar como base o que essa reflexão apresenta, objetivou-se descrever as atividades desenvolvidas para a implantação de uma horta agroecológica na Escola Pedro Fernandes Ribeiro, na comunidade rural de São José, no município de Mossoró, Rio Grande do Norte (RN).

Metodologia

O procedimento metodológico adotado neste estudo foi dividido em dois momentos: o primeiro consiste no reconhecimento do assentamento São José, que faz parte do Polo Jucurí, no município de Mossoró (RN). Ademais, houve a aplicação de questionários junto a população do assentamento supracitado, a fim de conhecer melhor os seus hábitos alimentares. Em um segundo momento, foi realizado um trabalho de sensibilização (formações e oficinas sobre culinária, alimentação saudável e outras) entre professores, lideranças comunitárias e mulheres para atuarem junto aos assentados na implantação de uma horta escolar. Para tanto, foram selecionados agentes jovens (discentes que receberam formação para auxiliar na implantação da horta e no trabalho de manejo), visando ainda à formação de multiplicadores para posterior implementação de hortas comunitárias.

Caracterização da área do estudo

O estudo proposto foi realizado em um assentamento do Polo Jucurí, que faz parte do projeto de assentamentos inseridos em solos da Chapada do Apodi. Essa área abrange 3.160,36 ha de extensão, compreendendo parte da zona rural dos municípios de Mossoró, Baraúna, Governador Dix-Sept Rosado e Apodi. Encontra-se localizada às margens da BR 405, perto da cidade de Mossoró (figura 42), e é considerada a cidade de referência do Polo (Brito, 2010).

Figura 42. Mapa de localização dos assentamentos do polo Jucurí – RN, 2016

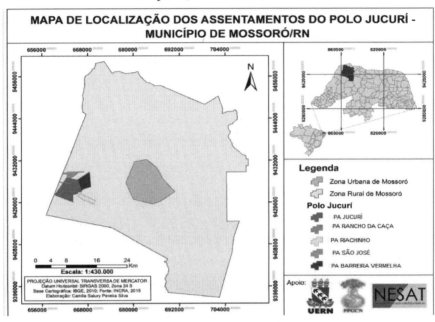

Fonte: Rocha, 2017.

De acordo com o censo realizado pelo Instituto Brasileiro de Geografia e Estatística em 2021 (IBGE, 2021), o município de Mossoró possui uma população estimada em 302.792 habitantes. Sua área territorial é de 2.110,21 km², equivalente a 4% da superfície estadual.

Quanto à formação vegetal, Mossoró está inserida no bioma caatinga formado por uma vegetação hiperxerófila de caráter seco com abundância de cactáceas e arbóreas de porte baixo. Encontra-se inserida nos domínios da bacia hidrográfica do rio Apodi-Mossoró (IDEMA, 2008).

O Polo possui limitações climáticas, ocorrência de secas periódicas, limitações físicas e de fertilidade dos solos, além de poucos incentivos e empecilhos relacionados à difusão e geração de tecnologias que visem minimizar os impactos climáticos (Brito, 2010).

O assentamento São José, unidade empírica de referência deste estudo, está localizado a uma distância de 23 km de Mossoró, tendo como acesso a BR 405. 45 famílias têm direito a residir no local, mas apenas 30 vivem atualmente no assentamento (Lira et al., 2006).

Procedimento metodológico

As visitas ao polo Jucurí ocorreram de 2014 a 2017 dentro do Projeto intitulado "Práticas Educativas e Formação de Multiplicadores", visou ao Fortalecimento da Segurança Alimentar e Nutricional, edital CNPq/MDS-SESAN Nº 027/2012 (Silva, 2013). Inicialmente, buscou-se realizar visitações aos assentamentos do Polo Jucurí para reconhecimento da área de estudo e identificação dos possíveis candidatos.

Para a escolha do assentamento que faria parte da pesquisa, foram utilizados os seguintes critérios: o assentamento deveria possuir uma escola; a quantidade de famílias que participavam ativamente das atividades coletivas do assentamento e a concordância da liderança comunitária para a realização do projeto. Assim, fizemos uma reunião para apresentação do projeto às lideranças comunitárias, buscamos conhecer as famílias assentadas e mostramos as possíveis contribuições do projeto para a comunidade. O assentamento São José foi escolhido por atender aos critérios supracitados para a implantação de uma horta escolar.

O local de implantação foi a Escola Municipal Pedro Fernandes Ribeiro, localizada na comunidade assentada São José. Cabe esclarecer que, para realização da horta, a direção da Escola assinou o Termo de Adesão (TA) ao estudo e consentiu com a utilização de imagens ao assinar o Termo de Autorização de Uso de Imagem (TAUI) e o Termo de Consentimento Livre e Esclarecido (TCLE).

As ações de intervenção[8] foram desenvolvidas obedecendo os critérios e o cronograma do projeto. Realizamos cursos de culinária e oficinas sobre alimentação saudável, além da implantação da horta com uma abordagem qualitativa, seguindo as orientações da pesquisa-ação. Segundo Ludwig (2009), a pesquisa-ação envolve momentos de interação na prática dos

---

[8] A metodologia definida e realizada na pesquisa foi adotada do projeto "Práticas educativas e formação de multiplicadores", com vista ao fortalecimento da Segurança Alimentar e Nutricional, financiado pelo edital CNPq/MDS-SESAN Nº 027/2012.

sujeitos investigados, demandando do pesquisador o envolvimento com o objeto de estudo.

Toledo e Jacobi (2013) também fazem menção à pesquisa-ação como uma atividade guiada por meio da interação entre pesquisadores e atores sociais implicados na situação investigada, verificando o problema e encontrando respostas e soluções capazes de promover a transformação de representações e mobilizar os sujeitos para ações práticas. As atividades desenvolvidas na Escola Municipal Pedro Fernandes Ribeiro (figura 43), como já citado anteriormente, ocorreram ao longo de 24 meses (2016 a 2017). Realizamos reuniões, palestras, oficinas, visitas e vivências dos envolvidos no projeto que ficaram hospedados na comunidade e se fizeram presentes entre os assentados, vivenciando, observando e compartilhando as experiências locais.

Figura 43. Escola Municipal Pedro Fernandes Ribeiro, São José, Mossoró (RN), 2017

Fonte: Acervo do Projeto, 2017.

Cada etapa da intervenção teve duração diferenciada, a depender de seu formato. As oficinas e as formações tinham duração mínima de 45 minutos e eram seguidas pelos questionamentos e conversas, que não tiveram seu tempo contabilizado. A semana de alimentação saudável teve duração de 4 dias nos dois turnos e foram prolongadas nos dias de implantação da horta escolar.

Entre as técnicas de coleta de dados para pesquisa-ação foi realizada a observação participante. Segundo Ludke e André (1986), ela constitui um dos principais instrumentos de coleta de dados nas abordagens qualitativas. A experiência direta é o melhor teste de verificação da ocorrência de um determinado assunto. A observação também permite que o observador chegue mais perto da perspectiva dos sujeitos e se revela de extrema utilidade na descoberta de aspectos novos de um problema. Por último, ela permite a coleta de dados em situações em que é impossível estabelecer outras formas de levantamento ou outras formas de comunicação.

A observação ocorreu, principalmente, nas fases de implantação da horta, mas também nas palestras e oficinas, nas quais foi possível verificar a participação dos assentados nas atividades propostas pelo projeto. Assim, foi uma ferramenta fundamental para a análise dos dados devido à riqueza de detalhes que são percebidos ao observar ações involuntárias dos participantes. Por meio dessa ferramenta, foi possível desenvolver um diário de campo onde eram registradas todas as experiências vividas pelo pesquisador nos dias de intervenções.

A implantação da horta escolar contou com a ajuda de alunos, de pais, de professoras e da comunidade em geral. Num primeiro momento, o solo foi preparado com esterco, restos vegetais e foi realizada a rega para o plantio das sementes das hortaliças. Após seu preparo inicial, os canteiros foram confeccionados com garrafas pet e pneus, materiais que foram trazidos pelos alunos para melhor aproveitamento da área (figura 44, 45, 46 e 47).

Figura 44. Construção do canteiro para a horta escolar, 2016

Fonte: Acervo do Projeto, 2016.

Figura 45. Pneu com sementes de coentro na horta orgânica escolar, 2016

Fonte: Acervo do Projeto, 2016.

Figura 46. Plantio em pneu com auxílio de aluno na horta orgânica escolar, 2016

Fonte: Acervo do Projeto, 2016.

Figura 47. Plantio em canteiro de garrafa PET com auxílio dos alunos, 2016

Fonte: Acervo do Projeto, 2016.

Em seguida, foi realizado o plantio das sementes de escolha dos alunos em conjunto com as merendeiras das escolas. Os alunos foram encorajados a fazer a semeadura, dessa forma, aprenderam noções práticas sobre o plantio.

As atividades desenvolvidas na escola começaram com a Semana Escolar sobre Alimentação Saudável, com vista à valorização dos bons hábitos alimentares, e à importância da combinação dos alimentos nutritivos e agroecológicos nas refeições.

A oficina sobre a pirâmide alimentar deu início às atividades da Semana Escolar sobre Alimentação Saudável. Esta foi dividida em três momentos. No primeiro, foi apresentado aos alunos, de forma dinâmica e ilustrativa, como ocorre o direcionamento das funções desempenhadas pela pirâmide para que possa ser usada de forma correta no momento da escolha dos alimentos para um bom funcionamento do corpo.

No segundo momento, foi realizada a aplicação de atividades com gravuras para colorir intitulada "vamos dar nomes aos alimentos saudáveis". No terceiro e último momento, organizamos uma gincana de caráter educativo, aplicada à uma outra atividade referente à pirâmide alimentar e à alimentação saudável.

As pirâmides alimentares utilizadas nas oficinas foram entregues aos professores da Escola para que estes possam utilizá-las como um instrumento interdisciplinar, estimulando o aprendizado dos alunos sobre os valores nutricionais dos alimentos e incentivando o consumo dos alimentos regionais de forma adequada.

As intervenções envolveram alunos, pais, professoras, merendeiras, diretoras e lideranças comunitárias e foram ministradas por palestrantes convidados, com o objetivo de promover práticas voltadas à educação nutricional. O registro dessas etapas foi feito em fotografias utilizadas neste trabalho para ilustrar as atividades e também serviram para observações de dentro do círculo de palestras. Assim, foi possível perceber o comportamento dos alunos envolvidos e como eles se portaram diante da temática abordada.

Também promovemos uma oficina com 15 vagas de culinária intitulada "Faça em casa a lancheira saudável" que teve como público-alvo professores, merendeiras e agentes de saúde. Pensamos que essas ações podem, posteriormente, ser realizadas pelos docentes em suas salas de aula, com vista a formar os seus alunos para se tornarem multiplicadores. Foram apresentadas receitas a uma equipe multidisciplinar, visando à utilização de produtos locais, à variedade de pratos que podem ser elaborados a partir da sua utilização e à identificação dos seus valores nutricionais.

Como atividade complementar da Semana Escolar sobre Alimentação Saudável, foi realizada uma feirinha de mudas que teve os alunos da educação infantil e as agricultoras como público-alvo. Eles puderam aprender sobre as frutíferas existentes nos assentamentos e como realizar o seu manejo. Logo após as conversas, foi realizado o momento do cultivo. O plantio foi feito com mudas provenientes dos próprios assentamentos. Um grupo de jovens (alunos) dos assentamentos foi selecionado para receber formação e atuar como agentes multiplicadores.

Como mecanismo para auxiliar nos debates, exibimos o filme: "O veneno está na mesa 2 (2014)", dirigido por Sílvio Tendler, que aborda questões a respeito do modelo agrícola nacional, suas consequências para a saúde pública e o consumo dos agrotóxicos. O filme mostra que existem alternativas viáveis para a produção de alimentos saudáveis, que respeitam a natureza, os trabalhadores rurais e os consumidores. Também aborda a possibilidade de estabelecimento de um outro modelo de produção sem o uso de venenos, baseado na agroecologia.

O grupo de jovens multiplicadores terão a tarefa de atuar junto às famílias dos assentamentos, com o intuito de promover ações práticas-educativas, voltadas a melhoria alimentar e nutricional. Optou-se por escolher os alunos que cursavam os últimos anos escolares (4º e 5º ano), com faixa etária entre 8 e 12 anos de idade. 15 agentes multiplicadores foram formados na escola.

Para melhor visualização das atividades propostas e desenvolvidas no assentamento estudado, optou-se por descrevê-las em um quadro das oficinas e das atividades, o período da pesquisa, o assentamento e o público-alvo de cada ação desenvolvida (quadro 3).

Quadro 3. Síntese do procedimento metodológico desenvolvido, 2016/2017

Assentamento	Período	Atividades	Materiais utilizados	Público-alvo
SÃO JOSÉ	2016 / 2017	Reunião e reconhecimento do assentamento	Reconhecimento das famílias Aplicação de 32 questionários com professores e alunos.	Assentamento São José – RN
		Semana Escolar sobre Alimentação Saudável	Palestras multidisciplinares, apresentação em *slides*, vídeos, atividades recreativas e confecção de pirâmide alimentar com isopor e colagem de figuras.	Alunos, professores, merendeiras, pais e lideranças comunitárias
		Oficina de culinária: "Faça em casa a lancheira saudável"	Caderno de receitas regionais. Apresentação em *slides*, vídeos e palestras multidisciplinares. Entrega de sementes.	Professores e madeireiras
		Formação dos agentes jovens	Atividades recreativas, vídeos e oficinas. Participação na Semana Escolar sobre Alimentação Saudável. Exibição do filme: "O veneno está na mesa 2" para auxiliar nos debates.	Alunos
		Horta escolar	Esterco, terra, resíduos orgânicos, sementes, utilizados para preparação do solo. Palha, garrafas pet, tijolos e telhas, utilizados para confecção dos canteiros. Implantada na Escola Municipal Pedro Fernandes Ribeiro.	Alunos e professores
		Feirinha de Mudas	Mudas de manga, goiaba, limão, acerola e graviola, replantadas no terreno da escola. Esterco, resíduos orgânicos, terra e sacos de mudas, utilizados para o plantio e melhoria do solo.	Alunos da educação infantil e professores

Fonte: Pesquisa de campo, 2016/2017. Elaborado pelos autores.

Resultados e discussão

A Semana Escolar sobre Alimentação Saudável

As atividades práticas tendem a despertar nos alunos um grande interesse devido ao seu caráter motivador e lúdico, que apela fundamentalmente aos seus sentidos. Assim, deu-se início a Semana Escolar sobre Alimentação Saudável na escola municipal participante da pesquisa. As palestras ministradas abordaram temáticas a respeito da importância da alimentação saudável, a pirâmide alimentar, o consumo de produtos industrializados, os lanches saudáveis e a culinária orgânica. Todas apontavam para a escolha dos alimentos para o equilíbrio nutricional.

Na Semana, foram desenvolvidas ações com as crianças, os pais, os professores e a comunidade em geral. No decorrer das atividades, incentivamos a participação dos alunos, fazendo-os interagir com perguntas e sugestões de intervenções na escola voltadas para a criação de uma horta orgânica e a inserção de alimentos mais saudáveis no cardápio da merenda escolar.

Achterberg et al. (1994) propõem que esse tipo de atividade é uma ferramenta de orientação nutricional empregada por profissionais com objetivo de agenciar modificações de hábitos alimentares com vista à saúde global do indivíduo e à prevenção de doenças. Essas ações foram distribuídas entre atividades de colorir, recortar e colar, dinâmicas educativas, preparação de lanches e rodas de conversas (figuras 48, 49, 50 e 51).

Figura 48. Atividades realizadas na Semana Escolar sobre Alimentação Saudável, 2016

Fonte: Acervo do Projeto, 2016.

Figura 49. Montagem da pirâmide alimentar, 2016

Fonte: Acervo do Projeto, 2016.

Figura 50. Atividade de recortar e colar, 2016

Fonte: Acervo do Projeto, 2016.

Figura 51. Atividade de colorir, 2016

Fonte: Acervo do Projeto, 2016.

Ao realizarmos atividades de montagem da pirâmide alimentar, pudemos observar que as crianças estavam dominando o esquema de distribuição dos alimentos em cada etapa, desde a sua base ao topo. Também percebemos que os alunos reagiram positivamente à temática abordada, fazendo diversas perguntas e participando das atividades. Segundo Freire (1982), ensinar não é transferir conhecimento, mas criar as possibilidades para sua produção ou sua construção. Isso ocorreu na atividade prática que teve o objetivo de melhorar o sabor do lanche escolar. Os alunos foram distribuídos em grupos de cinco e ficaram responsáveis por preparar lanches naturais, como sucos e sanduíches, com o auxílio das merendeiras.

No momento em que deixaram de ser expectadores e passaram a contribuir com o dinamismo da oficina, o aproveitamento do aprendizado rendeu mais que o esperado, de forma que contagiou professoras e mães. Precisa-se instigar o aluno a agir na construção do seu próprio conhecimento, em um processo sucessivo de afinidade com o mundo material e com as formulações teóricas a respeito desse mundo.

Após a realização dessas atividades, foi entregue uma cartilha aos professores da escola para que estes pudessem trabalhar as práticas pedagógicas em sala de aula, voltadas para a educação alimentar e nutricional, e explorassem a temática transversal da educação e saúde para sensibilizar a população. Freire (1982) afirma que a educação como ato de conhecimento, como ato criador e como ato político é um esforço de leitura do mundo e da palavra.

Em seguida, um lanche a base de frutas e verduras foi preparado, atividade realizada ainda dentro da programação da Semana Escolar sobre Alimentação Saudável. Também ministramos um curso de culinária para promover práticas voltadas à educação para a saúde e incentivar as participantes a realizar o preparo de lanches saudáveis livres de condimentos e excesso de produtos industrializados para seus filhos. Para Cervato et al. (2005), os conhecimentos, os costumes e as capacidades desenvolvidos por meio de eficazes programas de saúde em escolas, voltados para a conscientização de que a adoção de hábitos saudáveis, possibilitarão uma melhor qualidade de vida, habilitando crianças e seus pais a fazer escolhas corretas sobre comportamentos que levarão à saúde de sua família e da comunidade.

O curso ministrado (figuras 52 e 53) teve como material ilustrativo um livreto de receitas que continha receitas salgadas, doces e sucos, todos de fácil preparo, entregue a cada participante, além de um saquinho com sementes para incentivar o cultivo em seus quintais. As participantes folhearam o material ilustrativo distribuído com curiosidade e perceberam a facilidade de preparo das receitas e a variedade de pratos que poderiam ser preparados com alimentos de baixo custo e os seus benefícios para a saúde de sua família. Quando perguntamos à Bruna, uma das mães presentes no curso, o que ela achou das receitas, ela respondeu sorrindo: "Não sabia que podia fazer verdura com a casca da melancia. Eu jogava tudo para os porcos comerem. Agora eu vou aproveitar até as sementes".

Figura 52. Curso de culinária na Semana Escolar sobre Alimentação Saudável para mães e professoras, 2016

Fonte: Acervo do Projeto, 2016.

Figura 53. Sementes de coentro distribuídas ao final do curso de culinária

Fonte: Acervo do Projeto, 2016.

As formações e oficinas realizadas com os alunos, os pais, os professores, as merendeiras e a comunidade de assentados foram realizadas com o intuito de fortalecer os bons hábitos alimentares, fornecendo informações e orientando a comunidade a respeito dos benefícios de uma alimentação saudável, além do perigo que uma alimentação rica em conservantes e uma grande quantidade de agrotóxicos pode ocasionar à saúde das pessoas.

De acordo com a Organização Pan-americana de Saúde (OPS, 1995), a garantia da saúde no domínio escolar parte de uma visão irrestrita e multidisciplinar do ser humano, que considera as pessoas em seu contexto familiar, comunitário, social e ambiental. As ações de promoção da saúde visam alargar noções, habilidades e agilidades para o autocuidado e a prevenção dos comportamentos de risco em todas as oportunidades educativas (Pelicioni, 1999).

A realização de todas as palestras, cursos e oficinas dentro da Semana Escolar sobre Alimentação Saudável teve como maior objetivo a formação dos agentes multiplicadores que serão os responsáveis por dar continuidade às ideias desenvolvidas ao longo da pesquisa junto aos assentamentos (Silva et al., 2015).

Essa formação ocorreu dentro da programação com a participação dos alunos nas palestras e oficinas ministradas na Semana Escolar sobre Alimentação Saudável, que incluíram a exibição de um filme exibido para auxiliar nos debates acerca das temáticas abordadas.

Com esses encontros, foi possível sensibilizar os alunos acerca dos conceitos sobre alimentação saudável e o perigo que a substituição de um cardápio alimentar rico e diversificado em nutrientes "limpos" por alimentos com conservantes e com uma grande quantidade de agrotóxicos pode ocasionar à saúde humana. Freire (1982) afirma que não há conscientização se a sua prática não resulta a ação consciente. Por outro lado, ninguém conscientiza ninguém. O educador e o povo se conscientizam através do movimento dialético entre a reflexão crítica sobre a ação anterior e a subsequente no processo.

Observou-se, que, apesar da idade, os alunos se mostraram preocupados com a quantidade de veneno que consomem ao dar preferência a produtos industrializados ou de origem desconhecida. Branco (2007) considera que a criança é um importante agente multiplicador no processo de disseminação dos conceitos desenvolvidos na escola, uma vez que externa aquilo que vivencia como sequência do seu processo de socialização. Logo, se apresenta como peça-chave para implementar a consciência de preservação dos recursos naturais.

As crianças são, segundo Castro et al. (1998), atores fundamentais para a construção do sonho de formar multiplicadores. Os autores ressaltam que atividades atrativas são essenciais para o aprendizado, pois aumentam a atenção e a motivação, além de servir como atividades sérias e preparatórias para a vida adulta.

Após esse momento, os agentes jovens (figura 54) participaram de todas as atividades que foram desenvolvidas no âmbito da escola do assentamento. Eles foram os responsáveis pelo preparo da terra e dos canteiros nas escolas, bem como pelo cultivo das espécies e por sua colheita. Também foram os responsáveis pela manutenção da horta escolar como suporte para o assentamento.

Figura 54. Alunos, professores, merendeiras, pais e jovens multiplicadores na Semana Escolar sobre Alimentação Saudável, São José, RN, 2016

Fonte: Acervo do Projeto, 2016.

Ao delegar a tarefa de guardiões das referidas ações aos agentes multiplicadores, percebeu-se o entusiasmo no rosto de cada criança e a vontade de fazer o melhor para manter tudo de pé. Eles transformaram-se em multiplicadores junto às famílias assentadas de permanente sensibilização sobre a importância das boas práticas alimentares no desenvolvimento saudável da família e de como a produção nos quintais pode diversificar a alimentação e contribuir para a economia na compra de alimentos. Para Freire (1982), a educação popular é vista como fonte de produção do conhecimento altamente carregada de intencionalidade.

Outro público que se tornou participante da feira de mudas (figuras 55, 56, 57, 58, 59 e 60) foi o de alunos matriculados na educação infantil da Escola Municipal Pedro Fernandes Ribeiro. Essa ideia foi pensada juntamente com as professoras responsáveis por essas crianças e o principal objetivo foi relacionar a prática do cultivo com os conhecimentos ensinados em sala de aula, uma vez que esses alunos estavam aprendendo sobre a importância do solo, da água, do sol e do ar para o desenvolvimento das plantas.

Figura 55. Feirinha de mudas na Escola Municipal Pedro Fernandes Ribeiro, 2016

Fonte: Acervo do Projeto, 2016.

Figura 56. Crianças e professora durante a rega, 2016

Fonte: Acervo do Projeto, 2016.

Figura 57. Plantio das frutíferas, 2016

Fonte: Acervo do Projeto, 2016.

Figura 58. Plantio das frutíferas pelos alunos, 2016

Fonte: Acervo do Projeto, 2016.

Figura 59. Construção do canteiro para a horta escolar, 2016

Fonte: Acervo do Projeto, 2016.

Figura 60. Crianças ajudando na construção dos canteiros, 2016

Fonte: Acervo do Projeto, 2016.

Antes da troca de mudas, os alunos foram levados à parte externa do terreno da escola e lá conversamos a respeito da importância para o meio ambiente das árvores frutíferas, ensinado sobre a preparação do solo para o plantio e os insumos utilizados. O ensino sobre a produção de adubo orgânico, com o intuito de fortalecer as condições do solo para a produção da horta orgânica escolar e o plantio de mudas, permitiu aos alunos acompanhar com curiosidade científica o procedimento do preparo da horta e sua evolução. Isso faz com que as informações apresentadas se tornem presentes no cotidiano dos alunos permitindo um maior envolvimento em questões de cunho ambiental nas escolas.

Após esse momento, as crianças puderam efetivar o plantio das cultivares de manga, goiaba, acerola, limão e graviola, que posteriormente seriam consumidos na merenda escolar. As mudas foram replantadas para o terreno da escola com a ajuda de uma das professoras, residente no assentamento São José.

Posteriormente, foi realizada a troca de mudas entre as crianças. Além do trabalho na feira de mudas, os alunos da educação infantil também foram os responsáveis por preparar parte do canteiro que depois foi utilizado para a implantação da horta escolar no referido assentamento.

Horta escolar: relatos de experiência

Ao articular experiências educativas formais em sala de aula com os conhecimentos previamente adquiridos pelos alunos em suas vivências no meio rural, o trabalho educacional desenvolvido com as hortas se tornou um conteúdo educativo e motivador ao relacionar um novo saber aos elementos já presentes em sua estrutura cognitiva (Lima, 2004).

Dessa forma, a horta escolar foi dimensionada para atender às necessidades da escola e foi desenvolvida com a ajuda dos alunos, pais e professores. As sementes plantadas foram escolhidas pelos alunos com a ajuda das merendeiras, levando em consideração o espaço da horta, a facilidade de manejo, o tempo de cultivo e o sabor. Assim, foram cultivados alface, coentro, pimentão, tomate e cebolinha. Há uma tendência de aumento sensível no consumo de hortaliças, por causa de uma maior conscientização da população por uma dieta alimentar rica e saudável. Nesse contexto, o coentro é uma hortaliça folhosa cultivada e consumida em quase todo o mundo, rica em vitaminas A, B1, B2 e C e uma boa fonte de cálcio e ferro (Lima, 2007).

A alface é uma cultura hortícola de grande valor alimentar e é um componente imprescindível nas saladas. Ela é uma das poucas hortaliças consumidas exclusivamente *in natura*, embora não seja uma das melhores fontes de vitaminas, sais minerais e outros constituintes, seu baixo valor calórico a credencia para todas as dietas.

Lorentz et al. (2002) mencionam que o pimentão se situa entre as cinco culturas que apresentam maior área cultivada não só no Brasil, mas em diversos países. A cultura do pimentão apresenta um elevado valor comercial e está entre as dez hortaliças mais consumidas no Brasil. Seus frutos são comercializados, principalmente, na coloração verde e vermelha (Filgueira, 2003). Dentre os benefícios conhecidos pelo consumo do pimentão, estão seu poder antioxidante, anticancerígeno e pró-vitamínico A.

Segundo a Organização Mundial da Saúde, mais de 250 milhões de pré-escolares, particularmente em países em desenvolvimento, apresentam deficiência de vitamina A. No Brasil, onde a hipovitaminose A (deficiência de A) é considerada uma das principais deficiências na área de saúde pública, o consumo de frutos e vegetais, aliado ao alto consumo dos alimentos de origem animal que contêm vitamina A pré-formada, contribui para que o pimentão seja uma importante fonte deste nutriente na dieta humana (Simpson, 2013).

O tomate é a segunda hortaliça mais importante do Brasil, perdendo apenas para a batata. O seu baixo valor energético torna-o recomendável àqueles indivíduos que desejam se submeter a dietas hipocalóricas ou que necessitam consumir um alimento de fácil digestão. A identificação de sua notável riqueza, especialmente quanto à presença de vitaminas, aliado ao seu agradável sabor e cor, contribuíram para a sua rápida popularização e consumo. O tomate pode ser consumido *in natura*, como ingrediente de saladas, desidratado, em conservas ou em extrato (Minami, 1989).

A cebolinha é uma hortaliça apreciada por grande parte da população brasileira, que usa suas folhas (parte consumida) como condimento. Pertence à família *Alliaceae* e, apesar de não desenvolver bulbo, é uma planta condimentar semelhante à cebola. É cultivada em pequenas áreas e pode ser plantada ao longo de todo o ano pela sua rusticidade ao clima, ao solo e à temperatura, o que permite várias colheitas (Batista, 2012). Aproximadamente duas dezenas de hortaliças folhosas são cultivadas no Brasil, das quais se destacam como as de maior volume produzido a cebolinha, a alface e o coentro. Elas são comercializadas em diversas regiões do país.

A cebolinha cultivada na horta apresentou folhas numerosas com comprimento médio de 15 a 25 cm de cor verde escura e, de acordo com as merendeiras, possui sabor mais semelhante à cebola. A colheita foi realizada após 75 dias da semeadura em forma de moita. Em poucos dias, apresenta boa capacidade de rebrotamento e perfilhamento, facilitando o modo de propagação, que, nesse caso, foi feito por sementes. Não foi possível quantificar a produção porque a colheita era realizada de acordo com a necessidade de consumo.

A colheita das folhas do coentro começou depois de aproximadamente 50 dias após o processo de semeadura. As plantas colhidas apresentaram entre 10 cm e 15 cm de altura com folhas volumosas. As merendeiras relataram a importância ao se realizar a colheita no tempo certo.

> O molho de coentro novo é melhor para se colocar na comida do que o velho. Quando as folhas começam a ficar escuras, a comida fica com gosto amargo. Por isso que a gente tem que prestar atenção na cor das folhas. Eu acho que isso tem relação com a hora que a gente tem que colher. Se deixar para colher depois, vai se perder tudo. Mas ele novinho é bom demais. A comida fica uma delícia e as crianças comem tudo. Fora que o coentro cresce rápido. Aqui, as crianças ajudaram a gente a colher (D. M., 2017).

A alface foi colhida depois de aproximadamente 50 dias após a sua semeadura e atingiu uma largura 25 cm e uma altura entre 15 cm em média. Cada planta produziu cerca de 10 folhas de alface que foram parcialmente colhidas a começar pelas folhas exteriores. A alface deve ser colhida e consumida, conforme relatos da merendeira D. M. (2017): "A alface que a gente tira do pé e guarda, depois de uns dias, fica amargando também. E a folha fica escura e os meninos dizem que está podre e não comem. Então, aqui na escola, a gente colhe, lava, corta e coloca para eles comerem" (D. M., 2017).

De acordo com o aluno A. P., matriculado na Escola Municipal Pedro Fernandes Ribeiro: "A alface é verde e grande! Come eu, minha mãe, meu pai, meu irmão, os coelhos e as galinhas lá de casa. Aqui na escola, eu como muito também. E a professora deixa eu ir colher. O dia que a gente vai para a horta é o dia mais legal da escola" (A. P., 2017).

A colheita do pimentão iniciou-se depois de 12 semanas após o plantio. Foram colhidos verdes. Também podem ser colhidos quando estão bem desenvolvidos, mas ainda verdes, ou quando estão maduros. Sobre o consumo do pimentão, a merendeira D. M. (2017) menciona que:

> É gosto. Dá muito sabor a comida. Quando preparo a galinha e coloco, fica cheirosa. Mas, às vezes, causa azia. Minha mãe já dizia que o pimentão dá azia e dizia também que, para não dar, a gente tem que retirar a pele do pimentão. Eu faço isso agora. Eu coloco para cozinhar ele todo, tiro a pele e depois coloco na comida. O sabor fica igualzinho e não faz mal para a barriga (D. M., 2017).

As cultivares de tomate foram colhidas depois de aproximadamente 75 dias. Em grande parte do tempo, a colheita foi antecipada para evitar o apodrecimento dos frutos. A produtividade variou de 5 a 9 frutos por planta. A aluna (C. R., 2017), matriculada na Escola Municipal Pedro Fernandes Ribeiro, relata a sua preferência por esse fruto:

> É o mais gostoso da horta da escola. Eu como toda vez que tem em casa e aqui na escola também. Ele é gostoso até com açúcar. Pode provar. Eu vejo a minha mãe colocando na comida e quando ela não coloca eu lembro a ela de colocar porque eu aprendi com a tia que veio falar da horta que faz bem para a saúde e que eu fico forte quando como (C. R., 2017).

Implantamos um sistema de cultivo agroecológico na horta. Assim, buscou-se o controle de insetos pelo equilíbrio do solo que permite uma nutrição também equilibrada para as plantas e a sua resistência a pragas é maior. Mas também foi utilizado outro método como controle biológico com o extrato de Nim, uma planta repelente a insetos.

Para Capra (2005), o espaço da horta escolar é um local apropriado para reaproximar as crianças dos fundamentos básicos da alimentação e, ao mesmo tempo, enriquecer todas as atividades escolares. Os procedimentos desenvolvidos em uma horta despertam um sentimento avesso à devastação da natureza e levam à ideia de conservação do meio ambiente e a percorrer os caminhos para alcançar o desenvolvimento sustentável.

A conscientização sobre a alimentação saudável pode ser uma das propostas da escola e as hortas escolares mostram que esse é um caminho com fantásticos resultados. Além de estimularem o contato dos alunos com a terra e com o meio, chamam atenção para o consumo de alimentos frescos. "É comum escutarmos relatos dos pais dos alunos que passaram a ter uma alimentação mais balanceada por influência do que os filhos aprenderam na escola", afirma D. (2017), diretora da Escola Municipal Pedro Fernandes Ribeiro.

Além das benfeitorias à saúde, F. P. (2017), professora da Escola Municipal Pedro Fernandes Ribeiro, evidencia a importância pedagógica desse processo de aprendizagem na horta escolar:

> Nas nossas aulas, falamos muito sobre o meio ambiente e a sua importância por se tratar de uma área rural onde a escola está inserida, com isso, desenvolvemos planos de aula que englobam todas as disciplinas dentro do universo "Natureza". Tem uma parte na aula de Matemática que eles calculam a produtividade dos pés de tomate apenas somando quantos frutos o pé deu, dividindo pelas vezes que foram colhidos. Nas aulas de Português, eles trabalharam o conto "João e o pé de feijão" em conjunto com o plantio de uma semente de feijão dentro de um copo com água e algodão (F. P., 2017).

A diretora da Escola Municipal Pedro Fernandes Ribeiro relata que as professoras têm liberdade para levar os alunos à horta sempre que desejarem e que frequentemente ouve os pais dos alunos reagindo positivamente à interação. "Eles dizem que tudo melhorou. Que têm observado que as crianças estão mais animadas, interessadas e exigentes com a alimentação" (D., 2017).

Para Araújo e Drago (2011), um dos papéis da horta nas escolas é o de desenvolver noções conceituais de cultura e de cidadania nas crianças, visando a preservação do meio ambiente. Ela torna o processo de aprendizagem das ciências mais prazeroso, mostrando aos alunos que a cooperação de cada um é fundamental, estimula o trabalho em grupo e impulsiona o consumo de hortaliças nas casas desses alunos e na própria escola. Dessa forma, ocorre a promoção da alimentação saudável e equilibrada. No mais, a horta proporciona a amplificação de uma conscientização relacionada à mediação pedagógica entre prática e teoria, o que permite a assimilação dos conteúdos das disciplinas pelos alunos, com a mediação do professor durante a aquisição do conhecimento.

Após o término das atividades relacionadas à semeadura, a horta ficou sob os cuidados da escola. Elas ficaram responsáveis pela manutenção do espaço nas devidas condições de uso. Deixamos uma reserva de sementes para estimular novos plantios.

O monitoramento da horta, realizado nos meses seguintes, mostrou o ótimo desenvolvimento das culturas ali plantadas. As hortas escolares, respaldadas nos princípios da agroecologia, podem colaborar para o resgate da relação ser humano-ambiente-alimento. Essa situação permite a preparação de estruturas científicas, pedagógicas e didáticas, sólidas e com possibilidades de alcance dos objetivos fundamentais da educação alimentar e nutricional (Machado; Machado, 2002).

No encerramento das atividades na horta escolar, os alunos participaram de um lanche à base de frutas provindas do assentamento. O intuito foi inserir no cardápio da merenda escolar dos alunos alimentos como frutas que podem ser encontrados nos quintais de suas casas. A alimentação humana é reconhecida como um fenômeno complexo que envolve aspectos psicológicos, fisiológicos e socioculturais, logo, é necessária a construção de uma nova postura para que o indivíduo sinta satisfação em se alimentar com comidas as quais não está habituado (Poulain; Proença, 2003).

Considerações finais

A busca do conhecimento, bem como a formação de educadores, não estão definidas na ação individual, nem na sua expressão isolada, e só foram possíveis em função do envolvimento de todos que se apropriaram de sua realidade para tornar a execução do trabalho possível, por meio de uma ação coletiva e de um processo de mobilização, reflexão e ação.

Entender como nossas atitudes podem modificar o meio em que vivemos faz parte da nossa capacidade de compreender os princípios básicos da existência e de viver de acordo com eles. Esse aprendizado transcende todas as diferenças de raça, cultura ou classe social. Assim, o aprendizado estreita relações e coopera para a promoção da educação e da saúde por meio dos agentes sociais envolvidos.

Assim, o desenvolvimento das atividades propostas junto à Escola Municipal Pedro Fernandes Ribeiro foi significativo para o conhecimento, a valorização e a promoção da segurança alimentar, uma vez que os atores participantes perceberam a importância da implantação de cultivares na escola para auxiliar no desenvolvimento de hábitos alimentares saudáveis. Notou-se que as hortas proporcionaram aos envolvidos um aumento no consumo de hortaliças, sendo possível produzir alimentos a um baixo custo e com boa qualidade, sem o uso de agrotóxicos e fertilizantes químicos.

Espera-se que as ações de sensibilização realizadas nas oficinas reduzam o consumo de alimentos industrializados e que a busca por alimentos de origem saudável e conhecida seja crescente.

A partir da escola, a educação alimentar é um fator indispensável para a promoção da saúde, visto que os envolvidos passam grande parte do seu tempo dentro da instituição, merecendo um papel de destaque na promoção do aumento da qualidade de vida das crianças, formando agentes multiplicadores e disseminadores desse conhecimento.

Mas educar para alimentação leva tempo e a horta escolar implantada torna-se um espaço capaz de provocar discussões interdisciplinares oportunas à mudança no cotidiano dos atores envolvidos. A inserção de projetos e/ou programas de promoção de hábitos saudáveis por meio das políticas públicas voltadas para a saúde são necessários, pois são ações de fácil acesso e baixo custo para implantação, além de proporcionarem à população a oportunidade de uma readequação dos hábitos alimentares, promovendo, consequentemente, a redução dos fatores de risco à saúde e a melhoria da qualidade de vida.

5

HORTA, AGROECOLOGIA E O DIRETO À SEGURANÇA ALIMENTAR *

Márcia Regina Farias da Silva
João Victor da Costa Praxedes
Antônia Kaliany da Silva
Alexandre de Oliveira Lima
Maria da Conceição Farias da Silva Gurgel Dutra

* Uma versão inicial deste capítulo foi apresentada e publicada nos anais do
8º Congresso Brasileiro de Extensão Universitária – CBEU, em 2018.

Introdução

Nos dias atuais, observa-se uma relação estreita entre o aumento da renda da população e o crescimento do consumo de alimentos industrializados. A alimentação equilibrada é um elemento básico e fundamental à promoção e proteção da saúde e à sobrevivência humana, sem tais condições, não há vida digna e saudável. Assim, a segurança alimentar, no âmbito das políticas públicas, articula-se ao direito humano à alimentação e nutrição e ao acesso a alimentos potencialmente saudáveis, incluindo aqueles tradicionalmente produzidos por pequenos produtores, grupos familiares ou associações para consumo próprio ou da comunidade local (Brasil, 2006). Com a intenção de assegurar o direito humano à alimentação adequada, foi promulgada no Brasil a Lei n. 11.346 de 15 de setembro de 2006, que criou o Sistema Nacional de Segurança Alimentar e Nutricional (SISAN). A referida legislação assegura:

> Art. 2º - A alimentação adequada é direito fundamental do ser humano, inerente à dignidade da pessoa humana e indispensável à realização dos direitos consagrados na constituição federal, devendo o poder público adotar as políticas e ações que se façam necessárias para promover e garantir a segurança alimentar e nutricional da população (Brasil, 2006, on-line).

No entanto, as políticas, metas e ações do Estado com a participação da sociedade civil ainda não conseguem garantir e solidificar a segurança alimentar e nutricional mínima à população carente e vulnerável. A construção de práticas alimentares adequadas, que respeitem as especificidades alimentares regionais pode incluir, por exemplo, o cultivo de alimentos orgânicos em hortas e quintais produtivos com fins de enriquecimento nutricional da alimentação familiar, das trocas entre os produtores e, quiçá, da renda com a venda do excedente. Mesmo com rendas mais baixas, os mais pobres estão inseridos no mercado de consumo dos produtos industrializados.

Essa realidade da sociedade moderna, da industrialização da alimentação, é conhecida como dieta ocidental. A industrialização alimentar teve início, segundo Cartocci e Neuberger (2002), nos anos de 1960 com o desenvolvimento da agricultura mecanizada, favorecendo os grandes produtores para uma maior e mais lucrativa produção, ou seja, estes passaram a produzir mais com menos custos de mão de obra.

Aliado ao aumento na produção e na redução de custos com mão de obra, Castro, I., Castro, L. e Gugelmim (2012) lembram ainda o fator tempo, que, associado às inovações tecnológicas, tem contribuído para mudanças nas relações de produção, de trabalho e de consumo dos alimentos, uma vez que estes passam a ocorrer rapidamente. Os autores citam como exemplo plantações que anteriormente demoravam um ano para estarem prontas para o consumo e que, atualmente, são produzidas entre três e quatro meses. Ou seja, o tempo de produção foi acelerado, podendo ocasionar o desaparecimento de etapas importantes de maturação e concentração de sabor desses alimentos. A tecnologia atua nesse processo como elemento fundamental, reorganizando os processos produtivos e diminuindo substancialmente o tempo de produção.

Nessa direção, o consumo de produtos cada vez mais industrializados é uma marca da modernidade, uma tendência mundial que faz parte do fenômeno da globalização. Para Pollan (2008), o supermercado tornou-se o único lugar para a compra de alimentos e a comida de verdade desapareceu rapidamente das prateleiras, sendo substituída pela moderna cornucópia de produtos, extremamente processados, mas que têm aspecto de comida.

A compra de alimentos em redes de supermercados colabora para que as pessoas desconheçam a origem e os modos de produção daquilo que consomem, além disso, Lambert et al. (2005) acrescentam que a compra de alimentos em grandes supermercados otimiza o tempo gasto com essa atividade, uma vez que diversos alimentos estão disponíveis em um mesmo local. Para uma população que se torna cada vez mais urbana, a escolha dos

HORTA, AGROECOLOGIA E O DIRETO À SEGURANÇA ALIMENTAR

alimentos mais indicados ao seu bem-estar tem se tornado um problema, de maneira que a enorme variedade de cores e sabores faz com que as escolhas sejam realizadas sem que as pessoas tenham todas as informações que necessitam.

Os critérios que norteiam para as escolhas são, principalmente, o preço, o aspecto e a facilidade de preparo e não as qualidades nutricionais dos produtos. Assim, o cultivo de hortas nos centros urbanos ou em espaços comunitários poderá contribuir de forma significativa para a soberania alimentar e para o resgate dos hábitos tradicionais de cultivo e de consumo alimentos saudáveis.

O presente trabalho está inserido no projeto de extensão intitulado "Educação para saúde e segurança alimentar: implantação de hortas agroecológicas em Mossoró (RN)". Foi selecionado pelo edital Proex 2017/2018, da Pró-Reitoria de Extensão da Universidade do Estado do Rio Grande do Norte, e teve por objetivo apresentar uma ação de implantação de horta com práticas agroecológicas, com vista a contribuir para alimentação de pessoas em estado de vulnerabilidade social que ficam hospedadas no Albergue Mossoró, uma entidade que acolhe parentes de pacientes hospitalizadas na rede pública de saúde do município de Mossoró (RN).

Metodologia

A ação foi realizada no Albergue Mossoró, entidade construída e mantida pelo Centro Social Francisco Dantas, localizado na Rua Guilherme R. Lima, no bairro Aeroporto, Mossoró (RN) (figura 61). A sua estrutura foi projetada inicialmente para receber 40 pessoas, podendo chegar até 80 hóspedes. O espaço recebe pessoas que necessitam de um local para hospedagem, especialmente aquelas advindas da zona rural de Mossoró e de outras cidades do interior do Rio Grande do Norte. Mas também está aberto para migrantes em situação de vulnerabilidade social ou pessoas em trânsito sem referência familiar na região e que estejam acompanhando pacientes do Sistema Único de Saúde – SUS.

Figura 61. Albergue Mossoró, Mossoró – RN

Fonte: Acervo do Albergue Mossoró, 2016.

As visitas ao Albergue Mossoró se deram, inicialmente, para a apresentação da equipe e do projeto, bem como para o reconhecimento dos principais atores que iriam participar da implantação da horta. Naquele momento, foram apresentadas as propostas de oficinas, totalizando 3 (três) oficinas com os dirigentes, voluntários e albergados para tratar de temas como: (i) educação para saúde; (ii) segurança alimentar e nutricional e (iii) a importância do consumo de alimentos saudáveis. Ademais, foi realizada uma prática de compostagem, com vista a aproveitar os resíduos orgânicos provenientes das refeições que são preparadas e servidas no Albergue.

Para o desenvolvimento da ação, foi realizada uma pesquisa bibliográfica e documental, na qual foi possível levantar informações teóricas acerca da atividade desenvolvida. Em seguida, deu-se início a implantação da horta com o reconhecimento do espaço para o plantio, que totaliza cinco canteiros. Cabe ressaltar que a atividade foi iniciada no segundo semestre de 2017 e concluída em janeiro de 2018.

Resultados e discussão

As atividades desenvolvidas no Albergue Mossoró

As atividades previstas no projeto foram desenvolvidas gradativamente. Inicialmente, foi realizada a visita para a apresentação do projeto junto aos representantes do Albergue e para o reconhecimento do espaço para construção da horta, figura 62.

Figura 62. Visita de reconhecimento do Albergue Mossoró

Fonte: Márcia Regina Farias da Silva, 2017.

Na intenção de discutir as temáticas do projeto com os envolvidos na ação, foram realizadas três oficinas nos meses de novembro e dezembro de 2017. Os conteúdos discutidos com os voluntários e albergados trataram da importância da alimentação equilibrada e a escolha dos alimentos agroecológicos, livres de agrotóxicos e que seriam produzidos no local. Nessa ocasião foi também apresentada a importância da implantação da horta.

O Alguergue oferece aos seus hóspedes três refeições principais e três lanches diários. Todas as refeições são preparadas na cozinha do Albergue e, atualmente, os resíduos sólidos orgânicos, oriundos do preparo, são descartados com os demais resíduos produzidos sem qualquer reaproveitamento.

A partir dessa informação, foi realizada uma oficina de compostagem, que teve por objetivo indicar a utilização de resíduos gerados no preparo dos alimentos para produção de compostos orgânicos que seriam posteriormente utilizados como adubo na horta do Albergue. Essa atividade ocorreu em novembro de 2017. Após a oficina, foi implantado um experimento para a produção do composto orgânico.

As ações foram divididas em dois momentos, a realização das palestras e uma prática de compostagem para os voluntários e albergados. Nas figuras 63, 64, 65 e 66, são apresentados alguns momentos das oficinas realizadas com os atores envolvidos na implantação da horta.

Figura 63. Oficinas realizadas com os atores envolvidos na implantação da horta no Albergue Mossoró, 2017

Fonte: Acervo do Projeto, 2017.

Figura 64. Participantes das oficinas, no Albergue Mossoró, 2017

Fonte: Acervo do Projeto, 2017.

Figura 65. Momentos das oficinas no Albergue Mossoró, 2017

Fonte: Acervo do Projeto, 2017.

Figura 66. Discussão com membro do Albergue, durante as oficinas, Mossoró, 2017

Fonte: Acervo do Projeto, 2017.

Para implantação da horta, foram providenciados os insumos e os materiais necessários à execução da atividade, assim como uma lista produzida pelos dirigentes do Albergue com sugestões de legumes e hortaliças a serem cultivados.

A implantação da horta realizou-se em dia previamente agendado, com o intuito de contar com a participação dos responsáveis pela entidade e com os albergados. A horta foi formada por quatro canteiros centrais e, com a intenção de ampliar o espaço de cultivo, improvisou-se um canteiro lateral (figura 67).

Figura 67. Preparação dos canteiros, Albergue Mossoró

Fonte: Acervo do Projeto, 2017.

Os canteiros foram preparados com compostos orgânicos, que foram colocados uniformemente nos canteiros, e cobertura vegetal. A utilização de compostos orgânicos no solo tem por finalidade adicionar nutrientes necessários para que a planta tenha uma melhor geminação e ciclo de desenvolvimento. O composto orgânico fornece nutrientes essenciais à planta, aumenta a capacidade de retenção de água e aeração do solo, o que favorece uma maior penetração das raízes.

Optou-se pelo cultivo das seguintes espécies: coentro, beterraba, pimenta, tomate cereja, tomate santa clara; pimentão, cenoura, cebolinha, alface e couve. Em seguida, foram realizadas as covas para cada hortaliça com o plantio direto das sementes.

Antes de ser adicionado ao solo, o coentro passou pela quebra de dormência da semente para melhor germinação. Esse procedimento é utilizado para as plantas germinarem na época apropriada, visando a perpetuação da espécie. Após adicionar as sementes das hortaliças, fechamos as covas, irrigando cada canteiro com auxílio de um regador (figura 68).

Figura 68. Canteiro com coentro, Albergue Mossoró

Fonte: Acervo do Projeto, 2017.

As hortaliças foram monitoradas a cada 15 dias, momentos em que realizaram-se observações sobre a germinação e o crescimento. Observou-se um bom desenvolvimento do coentro e dos tomates, que inicialmente foram plantados em canteiros separados e, posteriormente, replantados no canteiro de coentro, consorciando assim, as culturas (figura 69).

Assim como a implantação da horta, também foi realizada a prática de compostagem com os albergados e voluntários da entidade. Adotamos a composteira em pilha com o objetivo de utilizar os resíduos gerados no preparo dos alimentos que posteriormente serviriam como adubo na horta.

Figura 69. Replantio das mudas, Albergue Mossoró

Fonte: Acervo do Projeto, 2017.

A composteira caseira[9] de dois vãos continha dois baldes e uma torneira de bebedouro que abrigariam os restos de alimentos advindos das refeições. Demonstramos o passo a passo para um voluntário da entidade, que acompanhou o processo de perto e se comprometeu em executar o trabalho (figura 70 e 71).

Figura 70. Prática de compostagem no Albergue com voluntários e albergados, 2017

Fonte: Acervo do Projeto, 2017.

---

[9] A composteira doméstica, também conhecida como minhocário, é feita com caixas plásticas ou de madeira, onde são depositados os resíduos orgânicos para que sejam transformados em adubo. Todo esse trabalho é feito por minhocas californianas, que convertem o material depositado em húmus – um dos melhores condicionadores de solos. O processo é chamado de vermicompostagem, bem mais rápido do que a compostagem feita somente com os micro-organismos presentes na matéria orgânica. O final do processo também resulta em um líquido, que pode ser usado como biofertilizante para horta e jardim.

Figura 71. Restos de alimentos orgânicos para compostagem, 2017

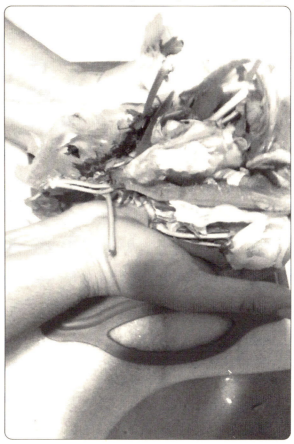

Fonte: Acervo do Projeto, 2017.

Cabe ressaltar que a adoção da composteira caseira ou doméstica pode ser adotada como forma de dar um melhor destino aos seus resíduos orgânicos, como cascas de frutas, legumes, pó de café, casca de ovo e sobras de alguns alimentos cozidos. Esse material se transforma em adubo de excelente qualidade (figura 72).

Figura 72. Esquema simplificado do ciclo da compostagem, 2021

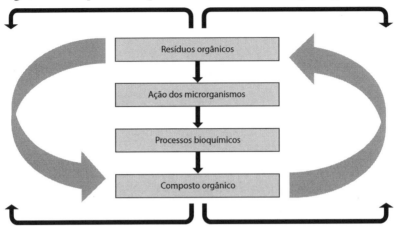

Fonte: elaborado pelos autores, 2021.

Porém, nem tudo pode ser colocado em uma composteira doméstica. As frutas cítricas, como laranja, mexerica, limão e abacaxi, além do alho, cebola e pimenta, por exemplo, podem ser colocadas na composteira, mas não devem ultrapassar 20% do total. Quando colocados em excesso, esses alimentos acidificam demais o pH da terra, prejudicando o trabalho das minhocas que são as responsáveis por transformar os resíduos em adubo (figura 73).

Após o acompanhamento das atividades por seis meses, em janeiro de 2018, foi realizada uma reunião com os responsáveis pelo Albergue Mossoró e finalizadas as ações planejadas. Após essas atividades, a responsabilidade pela horta foi repassada para os voluntários e albergados. Mas isso não ocorreu conforme o desejado.

Mesmo tendo sido uma ação aceita pelos voluntários e dirigentes, a construção de práticas efetivas de interação com o grupo não ocorreu como esperada, o que dificultou a compreensão que os albergados, voluntários e dirigentes seriam os responsáveis pelos cuidados de manutenção da horta.

Figura 73. Resíduos utilizáveis na compostagem doméstica, 2018

Compostagem Doméstica

Pode usar à vontade

Frutas — Legumes — Verduras — Grãos e sementes

Cascas de ovos — Sachê de chá sem etiqueta e erva de chimarrão — Borra e filtro de café

Pode usar com moderação

Frutas cítricas — Alimentos cozidos — Laticínios

Flores e ervas medicinais ou aromáticas — Guardanapos e papel toalha

Não pode usar

Carnes — Temperos fortes (pimenta, alho e cebola) — Limão

Arroz — Trigo — Nozes pretas — Óleos e gorduras

Líquidos (iogurtes, leite, caldos de sopa, feijão, etc) — Papéis (papel higiénico, jornais e papelões em geral) — Fezes de animais domésticos

SERRAGEM GROSSA, PALHAS, FOLHAS, GRAMAS E/OU PODAS DE JARDIM TRITURADAS DEVEM SER MISTURADAS

Fonte: **Morada da Floresta**

Fonte: revista Globo Rural, 2018[10].

As hortaliças e os legumes produzidos, além de terem sido utilizadas no preparo das refeições, também foram comercializados, sobretudo, o coentro e o tomate. A venda se deu na frente do próprio Albergue, onde foram expostas as mercadorias. Os moradores do entorno foram os principais compradores, além dos próprios voluntários. Os valores arrecadados com as vendas das hortaliças e legumes foram utilizados para o pagamento de despesas do Albergue.

---

[10] Sustentabilidade. **O que é compostagem e como fazê-la em casa**. Disponível em: https://revistagloborural.globo.com/Noticias/Sustentabilidade/noticia/2018/02/o-que-e-compostagem-e--como-faze-la-em-casa.html. Acesso em: 3 set. 2021.

A percepção dos participantes em relação às atividades desenvolvidas no Albergue Mossoró

Com a intenção de entender a percepção dos participantes, foi realizada uma pesquisa ao fim das atividades desenvolvidas no Albergue Mossoró. Foi possível perceber a importância da ação para as pessoas que compõem o corpo da instituição. Em suas falas, se mostraram satisfeitos com o resultado da horta, ultrapassando as expectativas esperadas pela proposta.

Inicialmente, buscou-se entender a sua percepção em relação à implantação da horta, como eles receberam a proposta do projeto "Educação para a saúde e segurança alimentar: implantação de hortas agroecológicas em Mossoró (RN)", desenvolvido no Albergue Mossoró.

> Foi uma alegria muito grande para todos nós que fazemos parte do Albergue, a horta nos deu bons frutos. Não falo apenas dos legumes e verduras que foram de grande importância e nos tiraram muitas vezes do prego [se refere à geração de recursos com as vendas dos produtos da horta na comunidade], mas me refiro às atividades. Os albergados foram inseridos nas atividades e isso, de certa forma, contribuiu para aliviar a tensão, preocupação e dor que é ter que conviver com alguém doente próximo a nós (Entrevistado A, 2018).

> Esperava colher bons frutos, mas superou o esperado, foi bem mais do que esperava, não sabia que ia ser em grande quantidade, a horta foi a melhor coisa para o Albergue (Entrevistado B, 2018).

> O que a gente esperava da horta era ter dois objetivos principiais, primeiro dar suporte à cozinha na alimentação dos albergados, segundo que essa horta fosse utilizada como terapia para preencher a ociosidades dos albergados que estavam conosco (Entrevistado C, 2018).

Os entrevistados afirmaram ter superado as expectativas com relação aos resultados da horta. Declararam que até esperavam bons frutos dessa ação, porém, os resultados foram bem superiores.

No segundo questionamento, buscou-se compreender as expectativas dos atores envolvidos na implantação da horta, a importância do projeto para a instituição e se conseguimos alcançar o principal objetivo em atender às necessidades alimentares dos hóspedes.

> Sim. Todos os dias, a gente quer servir uma salada crua, então, não ficamos dependentes de doações, vamos ao nosso quintal colhemos o que precisamos e fazemos a salada. O projeto ultrapassou as minhas expectativas, principalmente com relação ao tomate e ao coentro que são verduras que mais utilizamos aqui no Albergue. Jamais imaginei que aqui no Albergue iríamos colher tanto tomate cereja, tanto alface e tanto coentro que os albergados adoram (Entrevistado A, 2018).

> Foram ultrapassadas [as expectativas], eu mesmo achava que nem ia vingar, que não ia dar nada, mas deu certo e deu muitos bons resultados (Entrevistado B, 2018).

> Foram alcançadas, sim, do ponto de vista que nós tivemos um acréscimo, uma melhoria de qualidade dos alimentos utilizados na nossa cozinha e, com isso, conseguimos envolver os nossos albergados em nossas tarefas com a horta (Entrevistado C, 2018).

No terceiro questionamento, buscou-se informações das possíveis dificuldades enfrentadas em relação ao manejo, já que foram ministradas oficinas de manejo e cuidados com hortas, com a finalidade de melhor orientá-los quanto às atividades após a horta ser implantada. Porém, os cuidados diários como irrigar, colher e replantar não pôde ser acompanhado diariamente pelos bolsistas e colaboradores do projeto. Essas atividades ficaram sob responsabilidade dos voluntários e albergados.

> No início, a gente não sabia o tempo certo de colheita de cada verdura, mas veio os professores de vocês e nos deram as orientações sobre tudo isso. O tempo de transplantar e colher de cada alimento, fora isso, foi tudo muito bem tranquilo (Entrevistado A, 2018).

> Não. Achei bem tranquilo, a única observação em relação à horta é a questão do espaço que cada planta ficou que dificulta um pouco na hora da colheita, porque a gente acaba danificando os pés de tomate para chegar até a alface (Entrevistado A, 2018).

> Dificuldade maior que tivemos foi as visitas que ficaram muito espaçosas uma da outra e, no finalzinho, enfrentamos o aparecimento da mosca branca e acho que poderíamos ter aproveitado melhor que itens iríamos plantar, com quantidade maior para abraçar as nossas necessidades (Entrevistado C, 2018).

Os entrevistados afirmaram ter enfrentado dificuldades com o manejo da horta, isso porque, mesmo com as orientações ofertadas através das oficinas, não foi possível atentarmos para algumas questões. Dentre elas, podemos citar o tempo de colheita de cada hortaliça, o tempo de replantar alguns vegetais como o tomate, o pimentão e a alface. As orientações de cuidados e manejo com a horta transmitidas por Alexandre de Oliveira Lima, professor agrônomo da Universidade do Estado do Rio Grande do Norte (UERN), não foram seguidas em algumas atividades que deixaram de ser executadas, devido à dificuldade enfrentada por albergados e voluntários.

No quarto questionamento, buscamos a opinião dos voluntários relacionada às necessidades do Albergue em relação à horta. Perguntamos se as necessidades foram atendidas, de acordo com a proposta, e se foi possível suprir as necessidades em relação à demanda de alimentos.

> Sim, com certeza a gente tira o tomate do pé e come sem nem precisar lavar. Só o fato de não ter produtos com o agrotóxico já garante uma boa alimentação para os nossos albergados (Entrevistado A, 2018).

> Sim, com certeza. Eles gostam muito dos pratos que fazemos, as saladas e outras coisas que fazemos e muitos deles gostam até de cuidar (Entrevistado B, 2018).

> Sim. Fazemos questão de divulgar aos nossos albergados e *às* visitas da existência da horta, frisando sempre que eram produtos naturais, livre de agrotóxicos, e sempre estimulando os albergados, mostrando ser possível cada um em sua casa produzir algo no seu próprio quintal (Entrevistado C, 2018).

Os entrevistados afirmaram que a horta atendeu à demanda do Albergue e que a quantidade de legumes e verduras colhidas foi suficiente para garantir as refeições diárias servidas para os albergados. Também ressaltaram o fato de poder contar com produtos para enriquecer a alimentação dos hóspedes sem produtos químicos, o que contribui para a qualidade e segurança alimentar.

No quinto questionamento, buscou-se analisar a opinião dos voluntários sobre a importância da horta para a instituição e os pontos positivos que possibilitou referentes à alimentação.

> Primeiro, a alimentação saudável. Segundo a hora que precisamos, é só ir à nossa horta e colher o que queremos utilizar. E terceiro, é que todos os dias temos saladas para servir aos nossos albergados e, o mais importante, saudável. Não nos vemos mais sem essa horta, além de tudo isso, a gente fica menos dependentes das doações. Muitas das vezes, as doações que nos são dadas não vêm tudo que precisamos de frutas e verduras. Na horta, tem tudo, só ir lá e pegar o que eu preciso para colocar na panela (Entrevistado A, 2018).

> Muito importante, porque com a horta, quando não chega nas doações, a gente tem de onde tirar o que a gente precisa, vai lá e pega na horta. Ficamos menos dependentes das doações (Entrevistado B, 2018).

> Agregou valores, você, hoje no mundo onde é um corre-corre, ter uma alimentação eliminada a possibilidade de produtos tóxicos, o resultado é um grande ganho para a saúde. Foi importante também por ter um caráter orgânico e de terapia" (Entrevistado C, 2018).

Os benefícios da horta, na opinião dos albergados e voluntários da instituição, vão desde a segurança alimentar dos hospedados à não dependência de doações de terceiros. A horta, além de contribuir para complementar a alimentação da instituição, como o entrevistado C mencionou, possui caráter terapêutico. Isso porque as atividades desenvolvidas com os cuidados com a horta ocupam o tempo dos que sofrem forte pressão por causa do estado de saúde de seus entes queridos, que se encontram debilitados em hospitais no município de Mossoró. Além de uma forma de ocupação, as tarefas os fazem sentir úteis e proporcionam o contato com a terra, despertando um sentimento de bem-estar.

O sexto questionamento, abordou a interação dos albergados com a horta. Perguntamos como foi a participação nas atividades diárias em relação ao manejo.

> Todos os dias, era preciso fazer algo, todas manhãs e fim de tarde, transplantar as plantas de um lugar para outro. Sempre alguém me ajudava nessas atividades, seu Itamar e seu Apodi, quando estavam por aqui, me ajudaram muito, assim como outros albergados e as meninas da cozinha (Entrevistado A, 2018).

> Eles sempre que precisamos estão lá regando, ajeitando os canteiros e às vezes até colhendo para a gente usar aqui na cozinha, todo esse tempo eles nos ajudaram muito (Entrevistado B, 2018).

A participação dos albergados foi importante para o sucesso da horta. Os cuidados com a horta eram diários e, conforme mencionaram os entrevistados, os hóspedes sempre estavam sendo envolvidos nas tarefas relacionadas ao manejo da plantação.

No sétimo questionamento, buscamos analisar a opinião dos voluntários sobre a importância da horta em relação à terapia emocional para os albergados, se eles interagiam com os trabalhos e quais foram os benefícios para os hóspedes.

> Sim. Os albergados muitas vezes vêm tristes, abalados pela situação dos seus entes no hospital. A horta é uma forma deles se entreterem, ocupar a mente e não pensar apenas no pior. Lá, eles podem ocupar a mente" (Entrevistado A, 2018).

> Sim, sem dúvidas. Às vezes, eles estão tão atordoados por causa da doença dos seus familiares, porque não é fácil. Quando vão para a horta, se ocupam um pouco e ocupam a mente também (Entrevistado B, 2018).

> Sim. Como já mencionado, a horta tem caráter orgânico, assim como também terapêutico. Os albergados passam o dia preocupados com seus parentes e familiares em hospitais, enfermos, muitos em estado grave. As atividades com a horta ocupam o tempo e a cabeça deles, é lá onde eles interagem. A horta, no meu ponto de vista, causa a sensação de bem-estar para os albergados (Entrevistado C, 2018).

Além dos benéficos à saúde, à qualidade de vida e à segurança alimentar, a implantação da horta surge como uma alternativa para evitar a ociosidade dos que estão na instituição, as tarefas com a horta servem como entretenimento e ocupação para os albergados. O Albergue é uma entidade sem fins lucrativos, depende unicamente das doações, com isso, o acesso às hortaliças lhe dá independência em relação à alimentação. Além disso, de beneficia os que dependem das refeições diárias e contribui para o equilíbrio emocional dos que estão hospedados na casa de apoio.

O último questionamento está relacionado ao antes e depois da implantação da horta no Albergue. Perguntamos como eles relacionavam a existência de uma horta na instituição e quais foram os principais pontos positivos após a implementação.

> Antes, a gente dependia unicamente das doações e muitas vezes não vinha tudo que precisávamos. Muitas vezes, não tínhamos salada porque só tinha uma cenoura, beterraba, não tinha o coentro, o tomate, a alface, não tinha a salada completa e a horta veio para enriquecer a alimentação dos

albergados. Desde que fez a horta e começou a colher, não faltou coentro, alface, cenoura, tomate, cebolinha. Eu acho lindo quando as meninas da cozinha vão com a panela seca e voltam com a panela cheia. A horta não contribuiu apenas para a alimentação saudável dos albergados, mas também com a alimentação das crianças da creche. Todos que chegam aqui ficam encantados com nossa horta (Entrevistado A, 2018).

A horta veio para contribuir muito, antes a gente não tinha salada todos os dias, só tinha quando vinham as frutas e os legumes nas doações. Hoje, temos a nossa salada todos os dias. Por isso, que digo que a horta foi tão importante (Entrevistado B, 2018).

A horta veio como um acréscimo, antes dependíamos unicamente das doações, a gente fica meio que independentes com relação a esses produtos encontrados na nossa horta. Foi um passo importante que foi dado para que pudéssemos ter mais esse valor agregado que foi e é importante para gente. Resta agora a gente conduzir e plantar novamente em um segundo momento, em outro espaço, deixando aquele espaço para outros produtos específicos, revendo melhor os produtos a ser plantados (Entrevistado C, 2018).

Os pontos mencionados como positivos para os que participaram da ação foram o incremento e o complemento das refeições, o caráter terapêutico, e a independência quanto às doações. Com isso, é possível afirmar que os resultados quanto à implementação da horta foram positivos, alcançando os objetivos do projeto, que eram atender às necessidades alimentares da instituição em quantidade e qualidade, garantindo alimentos de qualidade, sem a utilização de agrotóxicos, sem fins lucrativos, promovendo, com isso, a segurança alimentar.

A ação realizada aponta para uma reflexão a respeito da segurança alimentar e nutricional, bem como da soberania alimentar. É certo que de meados do século XX aos dias atuais as sociedades humanas vivenciaram transformações que resultaram em mudanças no seu estilo de vida. Tais transformações têm afetado o seu padrão de saúde, sobretudo no que diz respeito aos hábitos e costumes alimentares. Essas mudanças comprometem diretamente a materialização do direito humano à alimentação adequada, apontando para o surgimento de um quadro de insegurança alimentar e nutricional.

A alimentação com qualidade e em quantidade suficiente à manutenção da saúde e da dignidade do ser humano, respeitando os processos sustentáveis ambientais e a cultura dos sujeitos, se fortalece como direito humano fundamental na Lei n. 11.346/2006. Esse direito, garantido a todos, focaliza-se, em especial, em grupos populacionais específicos e populações em situação de vulnerabilidade social, sem qualquer espécie de discriminação. Nesse sentido, a Lei regulamenta que:

> Art. 3º: A segurança alimentar e nutricional consiste na realização do direito de todos ao acesso regular e permanente a alimentos de qualidade, em quantidade suficiente, sem comprometer o acesso a outras necessidades essenciais, tendo como base práticas alimentares promotoras de saúde que respeitem a diversidade cultural e que sejam ambiental, cultural, econômica e socialmente sustentáveis;
>
> Art. 4º. A segurança alimentar e nutricional abrange:
>
> I – A ampliação das condições de acesso aos alimentos por meio da produção, em especial da agricultura tradicional e familiar, do processamento, da industrialização, da comercialização, incluindo-se os acordos internacionais, do abastecimento e da distribuição dos alimentos, incluindo-se a água, bem como da geração de emprego e da redistribuição da renda;
>
> II – A conservação da biodiversidade e a utilização sustentável dos recursos;
>
> III – A promoção da saúde, da nutrição e da alimentação da população, incluindo-se grupos populacionais específicos e populações em situação de vulnerabilidade social; [...] (Brasil, 2006, on-line).

A Declaração Universal dos Direitos Humanos (DUDH), de 1948, elaborada no contexto do pós-guerra, teve forte influência na consolidação e internacionalização dos direitos humanos. Dentre eles, aqueles que preveem as condições básicas materiais à manutenção da vida digna, incluindo o acesso à alimentação. Conforme o artigo 25 da DUDH (1948):

> 1. Toda pessoa tem direito a um padrão de vida capaz de assegurar a si e a sua família saúde e bem-estar, inclusive alimentação, vestuário, habitação, cuidados médicos e os serviços sociais indispensáveis, e direito à segurança em caso de desemprego, doença, invalidez, viuvez, velhice ou outros casos de perda dos meios de subsistência fora de seu controle (Nações Unidas, 1948).

No plano legal, o fortalecimento de tais direitos no Brasil ocorre quando entra em vigor o Pacto Internacional sobre os Direitos Econômicos, Sociais e Culturais (PIDESC), de 1966, por meio do Decreto nº 591, de 6 de junho de 1992, que inclui o direito fundamental de toda a pessoa estar protegida contra a fome (Brasil, 2013).

O direito à segurança alimentar, com base na alimentação adequada, também esteve no centro do debate mundial por ocasião da Cúpula Mundial da Alimentação, realizada em Roma em 1996. Nesse evento, foram firmados os instrumentos: *Declaração de Roma sobre a Segurança Alimentar Mundial* e o *Plano de Ação da Cúpula Mundial da Alimentação*. Os objetivos assumidos nos dois instrumentos reforçavam o desafio de redução da metade da fome no mundo até 2015. Para tanto, sete compromissos se consolidaram para fortalecer a garantia e a efetivação do direito à alimentação adequada e a redução da fome, em particular para as populações mais carentes e vulneráveis. Dentre os compromissos, o terceiro visa à adoção de políticas relacionadas a uma prática sustentável de desenvolvimento alimentar, florestal, rural, agrícola e pesqueiro, nos âmbitos familiar, local, regional e global, combatendo também as pragas, a seca e a desertificação (Brasil, 2013).

Com fins de garantir o direito humano à segurança alimentar, o Brasil buscou elaborar instrumentos legais em nível nacional, incluindo planos de metas e ações para reduzir o complexo e multifacetado desafio da alimentação e da nutrição adequada à saúde e à dignidade dos brasileiros. Dentre os instrumentos, estão, por exemplo, a Lei n. 11.346 de 2006 e os Planos Nacionais de Segurança Alimentar e Nutricional (PLANSAN), cuja versão atual é a de 2016-2019. O Plano Nacional de Segurança Alimentar e Nutricional (2016-2019), na ótica das políticas públicas de Estado, se converte no instrumento mais relevante da Política Nacional de Segurança Alimentar e Nutricional. "Nele estão previstas as diferentes ações do governo federal que se propõem a respeitar, proteger, promover e prover o Direito Humano à Alimentação Adequada para todas as pessoas que estão no Brasil" (Brasil, 2016, p. 12).

Para a Articulação Nacional de Agroecologia (2010), diferentes fatores interferem na situação alimentar e nutricional das famílias. Um exemplo é a ausência de uma política de segurança alimentar e nutricional que respeite as especificidades alimentar de cada região para materializar-se no plano prático. Outro fator é a divulgação por parte da mídia de alimentos que pregam a praticidade no dia a dia, incentivando a população ao consumo de alimentos industrializados (Pollan, 2008).

Nessa perspectiva, a Fundação Konrad Adenauer (2009) destaca que a soberania alimentar está diretamente ligada à agricultura familiar porque está estabelecida em bases agroecológicas que propõem estratégias sustentáveis para a produção de alimentos de qualidade com valores nutricionais quantitativamente adequados para uma alimentação saudável sem a utilização de agrotóxicos.

A ação indica que a implantação de hortas orgânicas em pequenos espaços domésticos possui potencial para efetivar a soberania alimentar e a geração de renda para as famílias – é possível diversificar a produção e comercializar o excedente. De outro modo, a produção contribui para a melhoria da qualidade da alimentação das famílias, disponibilizando alimentos saudáveis.

Todavia, essa prática de cultivo necessita de uma atenção especial por meio da ampliação e da eficiência dos serviços de Assistência Técnica e Extensão Rural (ATER) junto às comunidades rurais e urbanas que desenvolvem práticas de cultivos em espaços domésticos. Esse é o caso do Albergue Mossoró e de outras instituições sem fins lucrativos que hospedam pessoas e as oferece alimentação regular. A assistência técnica é necessária para melhorar a produção e gerar excedentes comercializáveis, orientando as famílias em relação ao manejo adequado da horta.

Nessa direção, podemos pensar a segurança alimentar e nutricional e a soberania alimentar como um direito humano possível de ser materializado no cotidiano da população por meio de políticas públicas que viabilizem recursos para a produção de alimentos, que incentivem a agricultura sustentável, considerando a melhoria da qualidade alimentar e de vida das populações e a qualidade ambiental.

Considerações finais

Diante do atual cenário alimentar e das suas consequências para a sociedade e saúde, verifica-se a necessidade de efetivar o direito à alimentação mais segura e saudável. Foi no sentido de colaborar com a efetivação desse direito, em particular dos grupos mais vulneráveis, que ocorreu a implantação da horta orgânica no Albergue Mossoró. Foi um projeto piloto que poderá se estender a outras instituições que ofereçam refeições no município de Mossoró (RN).

A continuidade do projeto depende da construção de práticas mais significativas de interação e envolvimento com os grupos atendidos, como os voluntários e dirigentes das entidades. A eles é delegada a responsabilidade pela manutenção da horta para garantir a produção de hortaliças que possam contribuir para melhoria da qualidade alimentar.

A agricultura urbana oferece grande contribuição para o fortalecimento da segurança alimentar e da cidadania das comunidades em situação de vulnerabilidade. Do ponto de vista econômico, a pequena produção tem contribuído para a renda familiar por meio da diminuição dos gastos com alimentação e saúde, das redes de troca e, eventualmente, da transformação e comercialização de excedentes da produção. Assim, a prática realizada no Albergue Mossoró também poderá incentivar os envolvidos a implantar hortas em suas residências, aproveitando os espaços disponíveis em quintais, jardins e vasos.

Ademais, considerando que os albergados se encontram em estado de alerta, por serem acompanhantes de parentes internados em hospitais, o cuidado com a horta poderá ser um mecanismo para aliviar as tensões e o estresse ocasionados pelas circunstâncias do momento.

As hortas proporcionam aos envolvidos um aumento no consumo de hortaliças, sendo possível produzir alimentos a baixo custo e de boa qualidade, sem o uso de agrotóxicos e fertilizantes químicos. E o seu cultivo nos quintais, principalmente, em países do Sul global, como o Brasil, no qual há um grande percentual populacional em estado de vulnerabilidade, pode ser considerado uma alternativa para suplementar a dieta alimentar de famílias e para contribuir com a efetivação do direito à alimentação e à uma nutrição mais adequada.

Portanto, a construção de práticas socioculturais para adoção de uma alimentação mais saudável e de baixo custo nos dias de hoje se apresenta como primordial em decorrência de modificações sofridas com a urbanização e com o estilo de vida nos centros urbanos. As hortas familiares ou comunitárias são alternativas possíveis para melhoria alimentar e a redução da fome e da desnutrição, em particular de grupos humanos carentes, que, fragilizados socialmente, não usufruem plenamente do direito à alimentação e à dignidade humana.

6
HORTAS ESCOLARES COMO ESPAÇOS DE EDUCAÇÃO PARA A SAÚDE

Márcia Regina Farias da Silva
Regina Cleane Marrocos
Carlos Aldemir Farias da Silva
Maria da Conceição Farias da Silva Gurgel Dutra

Introdução

Nas últimas décadas tem sido observado no Brasil um fenômeno chamado transição nutricional, caracterizado por um aumento dos índices de sobrepeso e de doenças crônicas na população. Eles estão associados a uma grande prevalência de déficits nutricionais e maus hábitos alimentares. Somado a isso, temos um modelo produtivo que dissemina práticas e disponibiliza alimentos que contribuem para esse quadro de saúde na esfera da produção de alimentos (Triches; Schneider, 2010).

Para enfrentar os problemas decorrentes do novo modelo de produção, o Estado passou a atuar nesse setor, direcionando políticas públicas estruturantes pautadas nos conceitos da Segurança Alimentar e Nutricional (SAN) e do Conselho Nacional de Segurança Alimentar e Nutricional (CONSEA) que têm como proposta um modelo de consumo de alimentos saudável, incentivando o consumo de produtos provenientes da agricultura familiar (Triches; Schneider, 2010).

Nessa perspectiva, o Programa Nacional de Alimentação Escolar (PNAE) aparece como uma política pública reintegradora do SAN e do CONSEA, contribuindo para a promoção da saúde de estudantes por meio da adoção de uma alimentação saudável nas escolas, transformando a rede pública de ensino em um importante mecanismo de escoamento da produção da agricultura familiar (Soares et al., 2013).

A escola é um espaço onde os programas de educação e saúde podem ter uma maior repercussão, beneficiando os alunos na infância, na adolescência e na vida adulta. Nesse sentido, todos os responsáveis pelos alunos no ambiente escolar devem tornar-se um exemplo positivo para os estudantes, as suas famílias e para a comunidade na qual estão inseridos (Mutuípe, 2005).

Esse estudo tem como objetivo descrever por meio de um levantamento bibliográfico a interação do Programa Nacional de Alimentação Escolar (PNAE) com o Programa de Aquisição de Alimentos (PAA) e sua contribuição para a agricultura familiar, além de abordar a importância da educação alimentar e nutricional nas escolas, com vista à formação de hábitos saudáveis.

O Programa Nacional de Alimentação Escolar e a Agricultura Familiar

O Programa Nacional de Alimentação Escolar (PNAE), implantado em 1955, contribui para o crescimento, o desenvolvimento, a aprendizagem, o rendimento escolar dos estudantes e a formação de hábitos alimentar saudáveis, por meio da oferta da alimentação escolar e de ações de educação alimentar e nutricional (Brasil, 2014).

A Lei nº 11.947, de 16 de junho de 2009, determina que pelo menos 30% do valor repassado a estados, municípios e Distrito Federal pelo Fundo Nacional de Desenvolvimento da Educação (FNDE) sejam destinados ao Programa Nacional de Alimentação Escolar (PNAE). A verba deve ser obrigatoriamente utilizada na compra de gêneros alimentícios provenientes da agricultura familiar, priorizando os assentamentos da reforma agrária e as comunidades tradicionais indígenas e quilombolas.

Nesse contexto, o PNAE contribui para que a agricultura familiar se organize e se fortaleça cada vez mais, ampliando novos mercados para o pequeno produtor. Para os alunos que passam a ter acesso a esses produtos, o resultado desse avanço representa uma maior qualidade na alimentação a ser servida, além da apropriação de hábitos alimentares saudáveis e um desenvolvimento local mais sustentável (Brasil, 2014).

Para isso, o PNAE conta com a mesma rede de fornecedores da agricultura familiar que acessa o Programa de Aquisição de Alimentos (PAA), uma ação estratégica do Fome Zero, que permite a compra de alimentos com dispensa de licitação, a distribuição na rede socioassistencial e a formação de estoques públicos com alimentos provenientes da agricultura familiar (Brasil, 2014).

O Programa de Aquisição de Alimentos (PAA) por meio das compras com doação simultânea, que é a modalidade mais utilizada, atende, além de escolas e creches, a hospitais, asilos e presídios. Dessa forma, os produtores familiares podem chegar aos cardápios escolares por dois caminhos: PAA e PNAE, os quais juntos podem render até R$ 36 mil/produtor/ano (Avila; Caldas; Avila, 2013).

A associação do PAA com o PNAE (merenda escolar) contribui para a redução da fome no Brasil. A alimentação escolar é um elemento importante para o desenvolvimento de um país pelo fato de estimular a escolarização e o aprendizado de crianças e adolescentes que se encontram em situação de insegurança alimentar (Takagi; Sanches; Silva, 2014).

As iniciativas apresentadas garantem um novo mercado para os agricultores familiares, além de atender ao direito à alimentação de jovens e crianças. Por outro lado, o PNAE e PAA mostram que a interação entre políticas públicas contribui para o desenvolvimento econômico local das comunidades rurais, através da geração de emprego e renda para o pequeno produtor.

A importância da educação alimentar e nutricional nas escolas

O ato de se alimentar, além de satisfazer as necessidades biológicas e energéticas que são necessárias para o bom funcionamento do organismo, também é uma fonte de contentamento, de socialização e de transmissão de cultura (Nunes; Bredas, 2014).

O governo brasileiro possui diversas iniciativas para a promoção de práticas alimentares que estão incluídas nas diretrizes da Política Nacional de Alimentação e Nutrição (PNAN) que tem como objetivo o resgate de hábitos e práticas alimentares regionais inerentes ao consumo de alimentos com elevado valor nutricional (Stedefeldt et. al., 2010).

A formação dos hábitos alimentares é um processo que se inicia desde o nascimento com as práticas alimentares introduzidas nos primeiros anos de vida pelos pais, que são os primeiros responsáveis pela formação desses hábitos. A educação nutricional é um instrumento importante na infância, pois é nessa fase que o indivíduo adquire bons hábitos alimentares que perduram pela vida toda (Czarnobay, 2010).

Além da família, a escola desempenha um papel de inquestionável relevância na educação alimentar, por ser responsável pela formação de pessoas que estão em processo de desenvolvimento. Sendo assim, a escola se configura em um espaço privilegiado para ações de promoção da alimentação saudável, em virtude de seu potencial para produzir impacto sobre a saúde, autoestima, comportamentos e desenvolvimento de hábitos alimentares para todos os membros da comunidade escolar (Nunes; Bredas, 2014).

Uma alimentação variada é a principal forma de garantir todas as necessidades do organismo e é fundamental para o desenvolvimento físico e mental de cada indivíduo, principalmente das crianças em fase de formação. Os estudantes são os consumidores de hoje e no futuro possivelmente serão pais, por isso, precisarão de informações relevantes para educar seus filhos para que estes possam desenvolver bons hábitos alimentares (FAO, 2014).

Nesse sentido, todos aqueles que estão inseridos no ambiente escolar como professores, funcionários, alunos, pais e donos(as) de cantina precisam estar envolvidos no processo educativo. A vida, a saúde e a preparação de um futuro mais saudável para as crianças e os jovens são responsabilidade não só do Estado ou da família, mas de todos os profissionais que estão inseridos no ambiente escolar (Brasil, 2010).

Para promover hábitos alimentares saudáveis no ambiente escolar, é necessário que professores, funcionários e proprietários de cantinas escolares, sejam capacitados para desenvolver ações e projetos que contribuam para a disseminação de hábitos alimentares saudáveis, transformando a escola em um espaço de promoção de saúde. A escola também pode desenvolver atividades com alimentos criando jardins e hortas com legumes e frutos para incentivar o consumo de alimentos saudáveis.

Iniciativas e estratégias para promover uma alimentação saudável no ambiente escolar

Como valorizar a educação alimentar na escola? São inúmeras as maneiras de valorizar a alimentação saudável por meio da educação formal. Além dos conteúdos curriculares e temas transversais, o ensino das boas práticas alimentares vem se tornando uma necessidade cada vez mais presente na atualidade. Deve-se considerar o número de crianças e jovens que passaram a desenvolver problemas de saúde relacionados a má alimentação.

Nesse sentido, trabalhar a educação para saúde nas diferentes disciplinas de forma interdisciplinar pode ser um caminho viável e enriquecedor. A seguir, são apresentadas sugestões e estratégias para trabalhar a educação nutricional nas escolas, com os educadores como agentes motivadores das ações, contando com o apoio da administração das instituições escolares e das secretarias de ensino (quadro 4).

Quadro 4. Atividades didático-pedagógicas para trabalhar a educação alimentar e nutricional nas escolas, 2024

Disciplinas	Descrição	Exemplos
Ciências	Valor nutricional dos alimentos, efeitos sobre o organismo, importância para a saúde, meio ambiente, origem, recomendações nutricionais (grupos alimentares e porções recomendadas escolhas saudáveis de cada grupo).	Quais são os nutrientes presentes em cada hortaliça e sua função no organismo? Construção de uma pirâmide alimentar para ser colocada próximo ao refeitório da escola.
História	Origem, usos e importância econômica e cultural dos alimentos.	Qual a influência da cultura na produção e consumo de determinados alimentos? O arroz, o feijão, a batata e a mandioca fazem parte da alimentação da maioria dos brasileiros. Qual é a história desses alimentos?
Português	Leitura, história relacionada, mural, jornal e produção de textos.	Concurso de redações sobre a influência da mídia nos hábitos alimentares das crianças. Confeccionar histórias em quadrinhos, envolvendo os temas alimentação, atividade física e obesidade.
Matemática	Pesos e medidas, frações, necessidades nutricionais (percentual rótulo etc.).	Medir os ingredientes de uma receita e prepará-la na cozinha da escola. Discutir os rótulos de alimentos em relação ao percentual alcançado das necessidades nutricionais. Pesquisar a prevalência de desnutrição, excesso de peso e obesidade no Brasil e realizar gráficos para representar os números.

Disciplinas	Descrição	Exemplos
Artes	Teatro, cartazes e outras exposições.	Teatro de fantoches abordando a importância de uma alimentação saudável para a saúde. Construção das frutas que os alunos mais gostam a partir de massinhas de modelar.
Educação Física	Importância do alimento para o exercício, crescimento e manutenção do peso adequado.	Exibição de filmes que exemplifiquem a relação entre os hábitos alimentares inadequados, sedentarismo e o desenvolvimento de doenças, como a obesidade (exemplo: filme "Super Size Me – a dieta do palhaço").
Geografia	Produção, transporte e comercialização dos alimentos. Setores da economia voltados à produção dos alimentos. A paisagem agraria no Brasil e no mundo. A expansão das fronteiras agrícolas e as transformações no espaço geográfico e no ambiente natural. Problemas ambientais decorrentes do cultivo convencional de alimentos. O cultivo de alimentos e o uso dos recursos naturais, solo, água, entre outros.	Exibição de filmes, construção de maquetes, aula-passeio para mostrar *in loco* as transformações no espaço geográfico em decorrência de atividades agrícolas. Uso de jornais para pesquisas sobre o processo de escoamento de alimentos. Teatro para trabalhar as desigualdades sociais e o acesso à alimentação adequada como direito de todos os cidadãos. Músicas e poesias.

Fonte: Prefeitura Municipal de Belo Horizonte (2013).
Ampliado e adaptado pelos autores (2024).

Uma outra maneira de contribuir com a educação para saúde no âmbito escolar é a promoção de um projeto para implantação de uma horta escolar, que pode ser importante para o desenvolvimento de valores voltados para os cuidados com o meio ambiente, podendo contribuir fortemente para a formação de hábitos alimentares mais saudáveis entre as crianças e os jovens e para o resgate do consumo de alimentos regionais. Ademais, ajudar a cuidar de uma horta escolar e se preocupar com o meio ambiente, é uma prática que contribui para ampliar a responsabilidade e a coletividade dos envolvidos no projeto. No quadro 5 são apresentados alguns dos benefícios da horta escolar.

Quadro 5. Os benefícios da implantação de uma horta escolar para a formação dos estudantes, 2024.

Nº	Benefícios	Descrição
1	Apresentação da origem dos alimentos	Um dos fatores que pode incentivar a implantação de uma horta escolar é apresentar para os estudantes a origem dos alimentos que são consumidos. Torna-se possível compreender, na prática, como os vegetais crescem. Também é possível que o estudante perceba o esforço e os cuidados necessários para o cultivo do alimento e o tempo necessário para que ele atinja a condição ideal de consumo.
2	Incentiva os cuidados com o meio ambiente	Ao colocar o estudante para cuidar de uma horta, ocorre o incentivo para que ele aprenda a ter cuidados com o meio ambiente. Também provoca a percepção da necessidade dos recursos naturais para a produção dos alimentos, como a água, o solo, os gases atmosféricos, a luz solar etc. Ao colocar o estudante em contato direto com a natureza, é possível trabalhar o conceito de sustentabilidade de forma prática, apresentando a importância da agricultura agroecológica e discutindo os problemas ambientais e a saúde causados pelo uso indiscriminado de agrotóxicos, além dos benefícios para saúde em consumir alimentos agroecológicos. A implantação do projeto da horta na escola contribui para a conscientização dos estudantes e para a aprendizagem de ensinamentos ecológicos, amplificando a necessidade de uma mudança de atitudes e de valores que é preciso implantar na sociedade com relação à natureza.
3	Contribui para promoção da responsabilidade	A horta escolar pode contribuir para o desenvolvimento do senso de responsabilidade do estudante. Os cuidados com as plantas são necessários para o seu crescimento saudável. Assim a adubação e a rega, entre outras atividades, podem ajudar no desenvolvimento de habilidades e competências que ajudam os estudantes a se tornar adultos mais preocupados com o ambiente e a sociedade da qual fazem parte.
4	Melhora a coordenação motora	Mexer com algo tão delicado quanto vegetais e tubérculos é uma ótima maneira de desenvolver a coordenação motora dos alunos. Às vezes, as crianças podem ser um pouco bruscas e desajeitadas com as plantas e os animais, cuidar de uma horta pode fazer toda a diferença. Mostre como os vegetais são delicados e que estragam o alimento quando arrancam ou rasgam folhas.

Nº	Benefícios	Descrição
5	Promove uma alimentação saudável	A implantação da horta na escola contribui para promover uma alimentação mais saudável, além de incentivar hábitos alimentares de consumo de legumes, hortaliças, frutas, entre outros vegetais. Os alimentos produzidos na horta, colhidos e consumidos pelos alunos, contribuem para a educação alimentar não só dos estudantes como da sua família, uma vez que ele poderá levar para casa os alimentos colhidos na horta compartilhá-los com os familiares e até com a comunidade.
6	Preservação de práticas culturais de cultivo	O cultivo de alimentos regionais na horta escolar é uma maneira de contribuir para a valorização dos alimentos regionais. As práticas de cultivo mantêm preservadas as tradições de cultivo e de manejo da produção local de alimentos.
7	Formação de multiplicadores	A horta escolar também pode inserir a comunidade, trazendo os pais e os familiares dos estudantes para o projeto. Assim, os alunos servem de multiplicadores, porque levam o que aprendem na escola para casa e, deste modo, a influência da horta não se restringe apenas à escola.
8	Espaço didático de ensino-aprendizagem	A horta serve como um objeto de estudo interdisciplinar. Os estudantes podem discutir temas como alimentação, nutrição e ecologia, bem como o trato com o solo e as plantas, gerando situações de aprendizagem reais e diversificadas. Além disso, a horta pode orientar conteúdos de diferentes disciplinas, como Geografia, História, Português, Matemática, Ciências, Artes, entre outras.

Fonte: Elaborado pelos autores, 2024.

Assim, as hortas nas escolas favorecem discussões, aprendizados e pesquisas sobre temas relacionados ao meio ambiente, alimentos e nutrição, contribuindo para uma alimentação saudável e equilibrada. Projetos de hortas escolares são de grande valia para a promoção da educação ambiental e estímulo à melhoria da nutrição dos envolvidos. Ao alimentar-se de forma saudável, os estudantes passam a ter uma melhor qualidade de vida, abdicando de alimentos industrializados.

Portanto, torna-se indiscutível o dever da escola em motivar a instrução alimentar. Com base nisso, hortas escolares auxiliam na sensibilização e conscientização de crianças e adolescentes quanto à possibilidade de aproveitamento integral dos alimentos consumidos, promovendo mudanças no comportamento alimentar e nas atitudes dos alunos. É preciso considerar que, para se pensar em sociedades sustentáveis, fazem-se necessário mudanças de atitudes e adoção de boas práticas, pois as sociedades são construídas a partir de novas políticas voltadas para o ambiente escolar. Nesse contexto, a educação ambiental apresenta-se como uma ferramenta de inserção de saberes e dispersão de novos conhecimentos e opiniões a serem obtidos na consolidação da racionalidade, destacando que esta deve ser tratada a partir de uma matriz que idealize a educação como meio de modificação social, sustentada no diálogo e no exercício da cidadania, capaz de contribuir para mudanças na realidade local.

Considerações finais

A partir da realização desta pesquisa, é possível manter um posicionamento sobre algumas medidas que podem ser adotadas para contribuir com boas práticas alimentares. Dentre elas destaca-se a inserção de temas como a educação para a saúde nas disciplinas escolares, bem como a elaboração de projetos e campanhas que tenham como objetivo sensibilizar os pais e toda a comunidade escolar para a adoção de hábitos alimentares saudáveis e nutricionalmente adequados, promovendo a compreensão da relação entre a alimentação e a saúde.

Entre as diferentes maneiras de incentivar os estudantes para a adoção de hábitos alimentares saudáveis no ambiente escolar, é possível destacar o ensino contextualizado e interdisciplinar dos conteúdos curriculares e extracurriculares. Além da adoção de projetos para implantação de hortas escolares, destacamos, entre outros fatores positivos, a produção e o consumo de alimentos naturais pelos alunos, as atividades ligadas à culinária na escola, a troca de conhecimentos e a inserção de assuntos, como a economia doméstica, e a influência nas escolhas alimentares das crianças. Além disso, deve-se apresentar na prática as consequências que ações dos seres humanos podem provocar no meio ambiente.

7

AGRICULTURA FAMILIAR, SEGURANÇA ALIMENTAR E NUTRICIONAL E O OBJETIVO DO DESENVOLVIMENTO SUSTENTÁVEL 2

Márcia Regina Farias da Silva
Carlos Aldemir Farias da Silva
Regina Cleane Marrocos
Luiz Humberto da Silva
Nildo da Silva Dias

Agricultura familiar e segurança alimentar

A agricultura familiar faz referência a uma agricultura menos agressiva ao meio ambiente, ofertando produtos limpos e isentos de resíduos químicos, além de estabelecer as bases do estilo de agricultura sustentável. Dessa forma, ao se discutir o desenvolvimento sustentável, tendo como base a agricultura familiar, é possível fazê-lo com alicerce na agroecologia, que é fundamentada no desenvolvimento rural sustentável, visando minimizar os efeitos das ações do cultivo sobre o meio ambiente (Gliessman, 2000).

O segmento da agricultura familiar é parte do modelo agroecológico de produção por compartilhar a mesma preocupação com a conservação dos recursos e é formado pelos pequenos produtores, possuindo um forte viés socioambiental. O aprofundamento acerca desse modelo de produção é bastante especulado, ainda mais quando se trata das formas de como ele irá se desenvolver no sistema capitalista de produção contemporâneo.

A agricultura familiar vem crescendo significativamente seja pelos esforços dos homens e mulheres do campo, seja pelas políticas públicas que incentivam e apoiam o trabalho dessas famílias, visando, principalmente, melhores condições financeiras e equidade de mercado. A promoção da atividade é uma prática adotada em países que possuem os melhores índices de desenvolvimento, como os Estados Unidos e o Japão, que apresentam traços em comum no que se trata do acesso à terra e ainda do incentivo à reforma agrária (Guanziroli, 2001).

A expressão agricultura familiar é recente no Brasil, surgindo na década 1990, por isso, a discussão acerca do assunto ainda está avançando. Assim, temos assistido a seu crescimento somente nos últimos anos, com a ampliação de investimentos por parte do governo através de políticas voltadas para a extensão rural, a assistência técnica, a aquisição de alimentos e a produção de biocombustíveis (Weid, 2010).

A agricultura familiar é uma atividade pautada no uso dos recursos naturais de forma mais equilibrada, uma vez que utiliza menos tecnologias do que a agricultura convencional e é menos intensiva no que se refere ao uso de insumos externos. Isso ocorre pelo fato do agricultor basicamente possuir os meios de produção. Logo, a sua relação com a terra baseia-se no quanto ele irá ganhar por área produzida e no cuidado com o solo, que fará com que se proponha a preservar a sua plantação (Marques, 2011). Nessa direção, tal arranjo produtivo alinha-se com o significado de sustentabilidade. A agricultura familiar pode ser incorporada ao mercado e é capaz de incluir os principais avanços técnicos em seu modo de produção preservacionista, respondendo, assim, às políticas governamentais criadas para seu incentivo.

A agricultura familiar pode ser ainda entendida como a forma de cultivar a terra em que a família assume o trabalho produtivo ao mesmo tempo que é proprietária dos meios de produção. Isso assegura à agricultura familiar um conceito com significativas raízes históricas (Wanderley, 2009). O que deve ser levado em consideração é que esses agricultores familiares – antes denominados pequenos produtores, trabalhadores rurais, colonos e/ou camponeses – possuem papel importante no desenvolvimento local e na segurança alimentar.

Além disso, o papel da agricultura familiar tem ganhado importância em relação à criatividade e às estratégias realizadas, capazes de garantir uma relação sustentável com os recursos explorados. Esse tipo de produção tem como características: mão de obra essencialmente familiar no processo produtivo; produção diversificada e conservação dos recursos naturais. Para Schneider (2003), a agricultura familiar concretiza vários papéis, entre os quais, produzir e prover alimentos básicos com preço acessível e de boa qualidade para a população e ainda surgir como uma forma social distinta no mundo capitalista. O ano de 2011 assistiu à uma grave crise no fornecimento mundial de alimentos com severas repercussões econômico-sociais. Nesse panorama de insuficiência de alimentos, a agricultura familiar tem se mostrado como uma importante alternativa para o abastecimento interno devido à sua diversidade e vantagens de ordem social, econômica e ambiental.

Diferente do modo de produção da agricultura convencional, que visa às monoculturas, a familiar preza pela diversificação que lhe permite o máximo de autossuficiência alimentar e autonomia do mercado alimentício. Portanto, esse estilo de agricultura atende à demanda alimentícia não apenas da unidade produtora, mas também da região onde está inserida. No que se refere ao tamanho das propriedades da indústria agrícola, cabe ressaltar que são os pequenos e médios produtores rurais os responsáveis pela maior produção. Eles respondem por cerca de 80% da produção de alimentos de base no Brasil, quais sejam: feijão (70%), leite (58%), mandioca (87%), milho (46%), aves (50%) e suínos (59%) (Brasil, 2010).

A população mundial está inserida em um modelo de produção agrícola que disponibiliza uma menor variedade de alimentos se comparada aos modelos desenvolvidos antes da "conversão à agricultura convencional". O processo de produção familiar segue o gosto da família, o que determina uma multiplicidade de alimentos. Assim, nota-se essa variedade presente nas mesas, o que permite que as famílias substituam os alimentos industrializados por produtos de melhor qualidade sem prejuízo à sua saúde e ainda mantenham a própria segurança alimentar.

A Organização das Nações Unidas para a Alimentação e a Agricultura (FAO), em reunião na Cimeira Mundial da Alimentação sobre a Segurança Alimentar Mundial, enfatizou a necessidade urgente de agir, a fim de assumir responsabilidades para promover uma segurança alimentar que esteja ao alcance das gerações presentes e futuras. Relatou ainda que alcançar uma verdadeira segurança alimentar é tarefa complexa, cuja responsabilidade cabe, sobretudo, aos governos. E encarregou-os de criar um ambiente propício através de políticas afirmativas (FAO, 2006).

Os problemas da fome e da insegurança alimentar são globais e tendem a continuar ou a aumentar dramaticamente em algumas regiões, a não ser que sejam tomadas medidas urgentes, levando em conta o crescimento da população e a pressão exercida sobre os recursos naturais. Devem ser feitos esforços para maximizar a produção de alimentos de base, realizados dentro de um quadro sustentável de gestão dos recursos naturais de eliminação de modelos de consumo e de produção não sustentáveis, principalmente nos países industrializados, e de promoção da agricultura familiar (FAO, 2006).

Nessa direção, a combinação de um ambiente político, social, econômico pacífico e estável é a condição essencial para que os governantes sejam capazes de dar adequada prioridade à segurança alimentar. Cabe ressaltar que as mulheres têm papel indispensável na promoção e no alcance da segurança alimentar sustentável para as famílias. Essa contribuição é fundamental, principalmente nas zonas rurais, onde ainda existe a necessidade de promover a igualdade entre homens e mulheres. Sua atuação possibilita a inclusão de alimentos saudáveis e de procedência conhecida nas casas, porque elas são as principais responsáveis por plantar em seus quintais e promover a prática da agricultura sustentável.

Percebe-se a importância da agricultura familiar na produção de mantimentos que garantem não apenas a erradicação da fome, mas também a segurança nutricional e alimentar da população. A segurança alimentar existe quando as pessoas sempre têm acesso físico e econômico a alimentos seguros, nutritivos e em quantidade suficiente para contemplar as suas necessidades e preferências alimentares, a fim de levarem uma vida ativa e sadia. Isso só pode ser proporcionado porque o modelo de produção familiar insere o alimento na matriz alimentar de famílias de baixa renda.

As ações indispensáveis para o desafio da erradicação da fome e da pobreza extrema passam pelo papel da agricultura familiar para a segurança alimentar, uma vez que há uma obrigação histórica e uma urgência institucional que não se confunde com a simples doação de comida a quem tem fome. Pois, embora a ajuda emergencial seja necessária em muitos casos, é preciso, sobretudo, construir bases estáveis de políticas de longo prazo que permitam às famílias o acesso digno à sua própria alimentação. O apoio ao crédito e a busca pela maior eficiência da agricultura familiar são elos indissociáveis dessa cadeia, especialmente na realidade dos países do Sul Global.

Programas governamentais foram criados com o intuito promover ações para que a agricultura familiar fosse divulgada e pudesse fazer parte no mercado comercial. Atualmente, no âmbito dos programas e ações com essa finalidade, podemos citar o Programa de Aquisição de Alimentos (PAA); o Programa Nacional de Alimentação Escolar (PNAE) e o Programa Mais Alimentos. Através destes, as famílias recebem linhas de créditos destinadas à expansão de sua produção e consequentemente à oferta de alimentos seguros (Buainain et al., 2014).

A criação de mercados institucionais para a produção familiar também é uma proposta do governo brasileiro que foi lançada pelos governos estaduais e municipais, procurando estimular a pequena agricultura local e a produção de alimentos seguros, com procedência conhecida que seriam ocasionalmente adquiridos para a distribuição em escolas, hospitais, associações, prisões etc. (Buainain et al., 2014).

O PAA foi criado em 2003 na esfera do Programa Fome Zero e forneceu esse tipo de apoio à agricultura familiar. O programa tem sido um importante canal para novos investimentos na agricultura familiar. Resumidamente, a Lei Federal nº 10.696/2003 estabeleceu os seguintes objetivos para o PAA: i) garantir o acesso a alimentos em quantidade e a regularidade para as populações mais vulneráveis à insegurança alimentar; ii) contribuir para a formação de estoques estratégicos; iii) permitir que os agricultores possam armazenar seus produtos; e iv) promover a inclusão social (Brasil, 2003).

O PNAE também criado com o intuito de promover a agricultura familiar, foi inserido nas escolas com o objetivo de colaborar para o desenvolvimento, a aprendizagem e o rendimento escolar dos estudantes e a formação de hábitos alimentares mais saudáveis, a partir do fornecimento da alimentação escolar e de ações de educação alimentar. A Lei nº 11.947/2009 determina que aproximadamente 30% das compras de alimentação escolar devem ser feitas diretamente de agricultores familiares ou de suas organizações (Brasil, 2009).

Legitimando a importância da agricultura familiar na conjuntura da segurança alimentar, estudo da FAO comprova que, durante a crise mundial de alimentos, o preço da cesta básica no mundo cresceu 63%, enquanto não chegou a 20% no Brasil devido à presença de uma agricultura familiar estruturada (Brasil, 2014). Portanto, agricultura familiar possui importância inestimável no que se refere à segurança alimentar e nutricional da população mundial. A disseminação dessa prática se faz necessária para assegurar uma alimentação que compreenda hábitos alimentares de acordo com a cultura de cada população específica (Brito, 2011). Apesar do direito à alimentação ter sido legitimado como um direito humano e de todo o progresso tecnológico e científico que permite a produção farta de alimentos, ainda existem mais de 700 milhões de pessoas que passam fome em todo o mundo, o que equivale a quase 10% da população do planeta (Jornal da USP, 2023).

O termo segurança alimentar é de procedência militar e é exclusivamente atrelado à capacidade de produção. Essa expressão começou a ser usada logo após a Primeira Guerra Mundial, quando ficou claro que um país poderia dominar outro por meio do fornecimento de alimentos e isso poderia tornar-se uma arma poderosa, principalmente, se países menos desenvolvidos não dispusessem de meios para atender à sua própria demanda. Dessa forma, o abastecimento foi apontado como um assunto de segurança nacional, que necessitava do desenvolvimento de estratégias para a criação de estoques de alimentos, o que levou à ideia de que a soberania de um país dependia da sua capacidade de auto provisão (Hirai; Anjos, 2007).

Ao considerar a importância da alimentação para um mundo em combate, foi criada em 1945, a Organização das Nações Unidas para a Agricultura e Alimentação (FAO) que seria responsável por debater questões sobre estratégias de distribuição de alimentos e assuntos acerca da fome e miséria nos países que a compunham (Hirai; Anjos, 2007).

A FAO institui que a segurança alimentar deve ser definida como uma circunstância na qual todas as pessoas, durante todo o tempo, possuam acesso físico, social e econômico à alimentação satisfatória, segura e nutritiva, que atenda a suas necessidades diárias e preferências alimentares para uma vida ativa e saudável.

A I Conferência Mundial de Alimentação, realizada pela FAO em 1974, objetivou a inclusão de novos elementos ao conceito de segurança alimentar, demostrando que ele vem sendo modificado com o passar dos anos para uma maior abrangência. A década de 1970 foi marcada pela escassez dos estoques mundiais de alimentos, devido ao final da Segunda

Guerra Mundial e o conflito entre os EUA e a ex-União Soviética (Hirai; Anjos, 2007).

Essa escassez fez emergir um movimento já iniciado nos EUA na década de 1950 chamado Revolução Verde, que foi espalhado pelos demais continentes depois desse acontecimento. A Revolução Verde aparecia como solução para o problema da carência de alimentos, tendo em vista o seu potencial de inovações tecnológicas capazes de incrementar exponencialmente a oferta de alimentos e de matérias-primas. Admitia-se na época que esses incrementos sucessivos na atividade agrícola seriam capazes de resolver o problema da fome nos países em desenvolvimento em um mundo pós-guerra. Com o passar dos anos, a Revolução Verde enfrentou severas críticas voltadas ao seu processo de produção. Ao longo de sua trajetória, as discussões ocorrem a respeito da sustentabilidade de uma tecnologia voltada à monocultura, extremamente dependente do uso de fertilizantes, pesticidas e insumos não-renováveis, de alto custo, e causadora de inúmeros impactos ambientais (Hirai; Anjos, 2007).

Assim, ainda que a produção mundial de alimentos tenha aumentado consideravelmente, não garantiu a supressão da fome e da desnutrição. Reforçou-se, assim, a compreensão de que tais problemas eram decorrentes, não da falta de alimentos, e, sim, dos problemas relativos ao acesso e à distribuição. No encalce desse importante debate, a FAO apresentou em 1983 um novo conceito acerca da Segurança Alimentar que se apoiava em três objetivos: a oferta adequada de alimentos, a estabilidade da oferta e do mercado dos alimentos e a segurança no acesso aos alimentos.

Dessa forma, em 1986, o Banco Mundial considerou a definição de segurança alimentar como o acesso aos alimentos por parte de todos, durante todo o tempo, em quantidade suficiente para viver uma vida ativa e saudável. Assim, mais do que ofertar alimentos, o acesso a eles tornou-se uma questão crucial para a segurança alimentar, que passou a ser associada à garantia de poder aquisitivo da população, crescimento econômico, redistribuição de renda e redução de pobreza (Valente, 2003).

Na consolidação do atual conceito de segurança alimentar alcançou-se, ao final dos anos de 1980 e início de 1990, a inclusão consecutiva de outras noções, tais como: alimento seguro, livre de contaminação biológica ou química; qualidade do alimento, relacionada aos aspectos nutricionais, biológicos e da tecnologia de produção; e dieta balanceada, considerando os hábitos alimentares da população-alvo das políticas instituídas.

No que se refere às relações éticas entre a geração atual e as futuras gerações, considera-se que a equidade e a justiça e o uso adequado e sustentável dos recursos naturais, do meio ambiente e do tipo de desenvolvimento adotado. Entrou em pauta a discussão dos modos de vida sustentáveis. O direito à alimentação passou a se inserir no contexto do direito à vida, à dignidade, à autodeterminação e à satisfação de outras necessidades básicas (Valente, 2003).

Acompanhando os debates a respeito de segurança alimentar, a Cúpula Mundial de Alimentação reuniu-se em Roma, em 1996, para tratar da questão, destacando que a pobreza é uma causa importante de insegurança alimentar e que o progresso sustentável é fundamental para melhorar o acesso aos alimentos. Os conflitos, o terrorismo, a corrupção e a degradação do meio ambiente também contribuem consideravelmente para a insegurança alimentar. É preciso esforço para atingir uma maior produção de alimentos, incluindo os alimentos básicos. Isso deve ocorrer no contexto da utilização sustentável dos recursos naturais, da eliminação de modelos de consumo e produção não-sustentáveis, particularmente nos países industrializados e da estabilização da população mundial no prazo mais curto possível. Reconhecemos a contribuição fundamental das mulheres para a segurança alimentar, sobretudo nas zonas rurais dos países em desenvolvimento e a necessidade de garantir a igualdade entre o homem e a mulher. Para reforçar a estabilidade social e contribuir para a correção da excessiva taxa de migração do campo para as cidades, que muitos países enfrentam, será também necessário considerar prioritária a revitalização das áreas rurais (Declaração Mundial de Roma, 1996).

As questões sobre segurança alimentar e nutricional que fervilhavam no mundo também atingiam o Brasil. No pós-guerra, Josué de Castro, médico, geógrafo e sociólogo brasileiro, mapeou a fome no Brasil e suas ideias foram essenciais para a criação do salário-mínimo, baseado no custo de uma cesta de 12 alimentos, que representaria 50% da estimativa salarial e atenderia a 100% das recomendações de calorias, proteínas, sais minerais e vitaminas (Batista Filho, 2002).

Josué de Castro, internacionalmente reconhecido, atuou em estudo sobre a fome no mundo, entre os anos de 1933 a 1973 e foi o primeiro a denunciar a fome e a má nutrição como fenômenos sociais, até então percebidos como naturais, estritamente biológicos. Assim, a percepção da fome como violação de um direito fundamental e fruto de uma sociedade injusta é um legado de sua obra, que propôs um debate sobre os determinantes da fome da esfera biológica para as esferas política, econômica e social. Foi a partir de sua obra que os problemas alimentares e nutricionais e seus determinantes saíram dos laboratórios das universidades para os locais em que se formulam as políticas públicas, tais como a produção agrícola, a economia e as políticas sociais (Leão, 2013).

Na década de 1970, foi criado o Instituto Nacional de Alimentação e Nutrição (INAN) com a finalidade de estabelecer uma política de alimentação e nutrição, implantada na proposição do I Plano Nacional de Desenvolvimento, o qual integrava o Programa Nacional de Alimentação e Nutrição (PRONAN I). Contudo, as primeiras alusões à segurança alimentar, enquanto política pública, passam a existir apenas no final de 1985 por meio do Ministério da Agricultura, que antecipou uma "Política Nacional de Segurança Alimentar" propensa a atender às necessidades alimentares da população e a atingir a autossuficiência nacional na produção de alimentos. E, assim, a tramitação das políticas públicas sobre segurança alimentar da população se arrasta até os dias atuais com a criação de inúmeros programas governamentais.

A inclusão da alimentação como direito social na Constituição brasileira é fruto da ampla mobilização social e, portanto, uma reafirmação da sociedade brasileira de que a insegurança alimentar é uma inaceitável violação da dignidade humana e necessita de esforços coletivos para ser superada.

É importante ressaltar que a "alimentação como um direito humano" reaquece tanto os debates relacionados às situações de privação alimentar quanto os relacionados às consequências da má qualidade da alimentação, tais como, por exemplo, obesidade, diabetes, hipertensão, dislipidemias e alguns tipos de câncer, uma vez que tais situações também descrevem o estado de insegurança alimentar e o nível de nutrição dos indivíduos. No quadro 6, é apresentada uma linha do tempo com as principais ações voltadas para Direitos Humanos e Alimentação Adequada (DHAA).

Quadro 6. Linha do tempo do DHAA no Brasil de 1930 a 2010

Décadas de 1930 e 1940	Décadas de 1970 e 1980	Década de 1990	1ª Década de 2000
Primeiras noções sobre a alimentação adequada. Josué de Castro aponta para a natureza social, econômica e política da fome e da má nutrição.	Políticas de alimentação e nutrição de caráter assistencialista e compensatório. Na prática, persiste a ideia de políticas de alimentação como caridade.	Retrocesso das políticas públicas de alimentação e nutrição. Mobilização da sociedade brasileira – Campanha nacional contra a fome, miséria e pela vida, encabeçada pelo sociólogo Herbert José de Sousa (Betinho).	Recriação do Consea e valorização da política intersetorial de SAN para promoção do DHAA. Criação da LOSAN[11]. Inserção do direito à alimentação na Constituição.

Fonte: Leão (2013). Adaptado pelos autores (2024).

Um fato que vale ser apontado em meio a essas políticas está relacionado ao meio rural. Espera-se que este esteja imune às questões de insegurança alimentar já que os alimentos seguros deveriam provir desse meio, isso ainda está em andamento. De 2004 a 2009, a população do meio rural brasileiro foi afetada de forma desigual pela insegurança alimentar. Nesses domicílios, a uma prevalência de insegurança alimentar grave é de 7%, comparados com 4,6% de domicílios urbanos em 2009. No Norte-Nordeste do país, a insegurança alimentar ultrapassou 9% e é considerada grave se comparada às regiões Sul e Sudeste que apontavam 2,1 e 2,9% respectivamente (FAO, 2014).

---

[11] Lei Orgânica de Segurança Alimentar e Nutricional – LOSAN (Lei nº 11.346, de 15 de setembro de 2006).

A Agenda 2030 e o Objetivo 2 do Desenvolvimento Sustentável

Até 2014, o número pessoas subalimentadas no Brasil foi reduzido em 82,1%. Esse valor é o maior já registrado entre as seis nações mais populosas do mundo e é superior à média da América Latina, que foi de 43,1%. Entre os países com maior população, o Brasil se destaca por apresentar a menor quantidade de pessoas em risco de insegurança alimentar. Além disso, a nova Agenda de Desenvolvimento Sustentável (ODS), instituída em 2015 (figura 74) advertiu sobre a necessidade dos países reduzirem para menos de 5% o número de pessoas subalimentadas até 2030. Esse índice foi alcançado pelo Brasil em 2014, ano em que o país deixou o mapa da fome.

Figura 74. Agenda 2030 - Objetivos do Desenvolvimento Sustentável, 2015

Fonte: ONU, 2015.

Cabe ressaltar que, nos últimos anos, esses números vêm subindo novamente. No ano de 2020, a insegurança alimentar se agravou e passou a atingir 27,7% da população – ou seja, 58 milhões de brasileiros – contra 16,8% em 2004. Segundo a pesquisa realizada por Galindo, Teixeira e Araújo et al. (2021), descrita por Lupion (2021), a pandemia da covid-19 acelerou a alta da fome registrada desde 2014.

As consequências sociais e econômicas da pandemia de covid-19 agravaram a fome no Brasil, que já vinha aumentando e superou em 2020 os níveis registrados no início da década passada, quando foi criado o Bolsa Família. Pesquisa realizada em novembro e dezembro de 2020, com 2 mil pessoas mostrou que 15% dos participantes estavam em estado de insegurança alimentar grave, e 12,7% em insegurança alimentar moderada, o que significa que corriam o risco de deixar de se alimentar por falta de dinheiro. O levantamento também mostra que a insegurança alimentar se distribui de forma desigual pelo país. Na região Nordeste, 73,1% da população estava na categoria de insegurança alimentar, e no Norte a taxa era de 67,7%. Já no Sul, 51,6% dos domicílios estavam em insegurança alimentar, e 53,5% dos localizados no Sudeste. Já em relação à população brasileira como um todo, isso equivaleria a 58 milhões de pessoas. Outros 31,7% estavam em insegurança leve, quando há preocupação de que a comida acabe antes de se ter dinheiro para adquirir mais alimentos ou faltam recursos para manter uma alimentação saudável e variada. Segundo a pesquisa, portanto, 59,4% da população enfrentava no final do ano de 2020 algum grau de insegurança alimentar, o equivalente a um total de 125 milhões de pessoas (Lupion, 2021, on-line.)

Esses dados mostram a aceleração do aumento da fome no Brasil no ano de 2020. Todavia, já se observava o crescimento da fome antes da pandemia da covid-19, em um contexto de crise econômica e de desmobilização de políticas públicas voltadas para a segurança alimentar. Contudo, essa situação se agravou com o advento da pandemia, considerando que ocorreu a perda de empregos por fechamento de empresas ou a redução do quadro funcional. Trabalhadores informais se viram impedidos de realizar suas atividades diárias de trabalho em decorrência das medidas sanitárias impostas pela crise sanitária que se instalou no Brasil e no mundo.

O elevado número de pessoas vivendo em situação de insegurança alimentar no Brasil evidencia a importância de resgatar as práticas responsáveis por levar às populações rurais e urbanas alimentos de qualidade e em quantidade necessária. Dentre todos os meios já conhecidos pelos agricultores para a propagação da segurança alimentar e nutricional da população, destacam-se os quintais produtivos (Silva; Silva, 2022), hortas escolares e comunitárias e a agricultura urbana, entre outras.

Nessa direção a ONU (2015), reconhece o papel da agricultura sustentável para pôr fim à fome no mundo. O Objetivo 2 do Desenvolvimento Sustentável – Fome Zero e Agricultura Sustentável (figura 75) visa acabar com a fome, alcançar a segurança alimentar e a melhoria da nutrição e promover a agricultura sustentável. Durante as duas últimas décadas, observa-se o rápido crescimento econômico e o desenvolvimento da agricultura que foram responsáveis pela redução pela metade do número de pessoas subnutridas no mundo.

Figura 75. Objetivo 2 – Fome zero e agricultura sustentável, 2015

Fonte: Confederação Nacional dos Municípios – CNM, 2017.

O ODS 2 visa acabar com todas as formas de fome e má nutrição até 2030, de modo a garantir que todas as pessoas, especialmente as crianças, tenham acesso suficiente a alimentos nutritivos durante todos os anos. Para alcançar esse objetivo, é necessário promover práticas agrícolas sustentáveis por meio do apoio à agricultura familiar, do acesso equitativo à terra, à tecnologia e ao mercado (ONU, 2015). Para tanto, a ONU estabelece metas por meio do Objetivo 2, com vista a garantir a sua proposta, como é possível observar no quadro 7.

Quadro 7. Metas do Objetivo 2 da Agenda 2030

Objetivo 2 do Desenvolvimento Sustentável – Fome Zero e Agricultura Sustentável	
Meta	Especificidade
2a	Aumentar o investimento, inclusive por meio do reforço da cooperação internacional, em infraestrutura rural, pesquisa e extensão de serviços agrícolas, desenvolvimento de tecnologia, e os bancos de genes de plantas e animais, de maneira a aumentar a capacidade de produção agrícola nos países em desenvolvimento, em particular nos países de menor desenvolvimento relativo.
2b	Corrigir e prevenir as restrições ao comércio e distorções nos mercados agrícolas mundiais, inclusive por meio da eliminação paralela de todas as formas de subsídios à exportação e todas as medidas de exportação com efeito equivalente, de acordo com o mandato da Rodada de Desenvolvimento de Doha.
2c	Adotar medidas para garantir o funcionamento adequado dos mercados de commodities de alimentos e seus derivados, e facilitar o acesso oportuno à informação de mercado, inclusive sobre as reservas de alimentos, a fim de ajudar a limitar a volatilidade extrema dos preços dos alimentos
2.1	Até 2030, acabar com a fome e garantir o acesso de todas as pessoas, em particular os pobres e pessoas em situações vulneráveis, incluindo crianças, a alimentos seguros, nutritivos e suficientes durante todo o ano.
2.2	Até 2030, acabar com todas as formas de desnutrição, inclusive pelo alcance até 2025 das metas acordadas internacionalmente sobre desnutrição crônica e desnutrição em crianças menores de cinco anos de idade, e atender às necessidades nutricionais de meninas adolescentes, mulheres grávidas e lactantes e pessoas idosas.
2.3	Até 2030, dobrar a produtividade agrícola e a renda dos pequenos produtores de alimentos, particularmente das mulheres, povos indígenas, agricultores familiares, pastores e pescadores, inclusive por meio de acesso seguro e igual à terra, outros recursos produtivos e insumos, conhecimento, serviços financeiros, mercados e oportunidades de agregação de valor e de emprego não-agrícola

Objetivo 2 do Desenvolvimento Sustentável – Fome Zero e Agricultura Sustentável	
2.4	Até 2030, garantir sistemas sustentáveis de produção de alimentos e implementar práticas agrícolas robustas, que aumentem a produtividade e a produção, que ajudem a manter os ecossistemas, que fortaleçam a capacidade de adaptação às mudanças do clima, às condições meteorológicas extremas, secas, inundações e outros desastres, e que melhorem progressivamente a qualidade da terra e do solo
2.5	Até 2020, manter a diversidade genética de sementes, plantas cultivadas, animais de criação e domesticados e suas respectivas espécies selvagens, inclusive por meio de bancos de sementes e plantas diversificados e adequadamente geridos em nível nacional, regional e internacional, e garantir o acesso e a repartição justa e equitativa dos benefícios decorrentes da utilização dos recursos genéticos e conhecimentos tradicionais associados, conforme acordado internacionalmente.

Fonte: ONU, 2015. Organizado pelos autores, 2024.

Conforme já foi mencionado, o Programa de Aquisição de Alimentos (PAA)[12] foi criado em 2003 e integra o Sistema Nacional de Segurança Alimentar e Nutricional (SISAN). O PAA tem a finalidade de incentivar a agricultura familiar, promovendo a sua inclusão econômica e social, com fomento à produção sustentável, ao processamento, à industrialização de alimentos e à geração de renda.

> Além de programas que trabalhem incentivando os pequenos produtores e que garantam alimento a população em situação de vulnerabilidade, um dos fatores trabalhados que contribui para o alcance das metas do ODS 2 se refere a investimentos em estradas e rodovias, visando o escoamento das mercadorias por dos as regiões geográficas do Brasil. Ao considerar que grande parte da produção de alimentos é escoada por meio de estradas rurais, que contabilizam mais de 70% das estradas no Brasil, e cuja competência de gestão é dos municípios (CNM, 2017, on-line).

---

[12] O Programa de Aquisição de Alimentos (PAA), criado pelo art. 19 da Lei nº 10.696, de 02 de julho de 2003, possui duas finalidades básicas: promover o acesso à alimentação e incentivar a agricultura familiar. Para alcançar esses dois objetivos, o programa compra alimentos produzidos pela agricultura familiar, com dispensa de licitação e os destina às pessoas em situação de insegurança alimentar e nutricional e àquelas atendidas pela rede socioassistencial pelos equipamentos públicos de segurança alimentar e nutricional e pela rede pública e filantrópica de ensino.

Apesar dos esforços para se atingir as metas do Objetivo 2, é importante destacar que o seu alcance e o cumprimento desse ODS estão estreitamente ligados a formulações de políticas públicas alinhadas com a Agenda 2030. Assim, políticas como o PAA e o PNAE[13] são de suma importância para trilhar iniciativas que visem alcançar os ODS 2. É importante mencionar que a escassez de políticas públicas direcionadas ao campo, a fim de promover a produção de alimentos e a melhoria da infraestrutura das estradas e transportes, impactam diretamente na produção e no escoamento de alimentos. Nesse cenário, a melhoria das estradas rurais pode contribuir para esse trabalho. Ademais, é importante destacar o Serviço de Inspeção Municipal[14] (SIM) como mais uma via de competência municipal que pode contribuir para o alcance do Objetivo 2, uma vez que contribui com a inspeção sanitária e a fiscalização da qualidade dos produtos industriais.

Considerações finais

No Brasil, a agricultura familiar luta incessantemente para preservar sua posição de relevância na sociedade. Enfrentou por décadas o êxodo rural, a falta de incentivo econômico e tributário e a ausência de infraestrutura e estímulo a esse modo de produção, que consequentemente ocasionou o enfraquecimento das chamadas "pequena propriedade", "pequena produção" e "produção familiar". A integração da agricultura de base familiar

---

[13] O Programa Nacional de Alimentação Escolar (PNAE), popularmente conhecido como Merenda Escolar, é gerenciado pelo Fundo Nacional de Desenvolvimento da Educação (FNDE) e visa à transferência, em caráter suplementar, de recursos financeiros aos estados, ao Distrito Federal e aos municípios destinados a suprir, parcialmente, as necessidades nutricionais dos alunos. Em 2009, a sanção da Lei nº 11.947 de 16 de junho trouxe novos avanços para o PNAE, como a extensão do Programa para toda a rede pública de educação básica, inclusive aos alunos participantes do Programa Mais Educação, e de jovens e adultos, e a garantia de que, no mínimo, 30% dos repasses do FNDE sejam investidos na aquisição de produtos da agricultura familiar. Outra mudança importante foi a inclusão do atendimento, em 2013, para os alunos que frequentam o Atendimento Educacional Especializado – AEE, para os da Educação de Jovens e Adultos semipresencial e para aqueles matriculados em escolas de tempo integral (Brasil, 2009).

[14] O Serviço de Inspeção Municipal (SIM) pode ser descrito como um serviço que está vinculado à Secretaria Municipal de Agricultura, de cada município, e é responsável pela inspeção e fiscalização da produção industrial e sanitária dos produtos de origem animal, comestíveis e não comestíveis, adicionados ou não de produtos vegetais, preparados, transformados, manipulados, recebidos, acondicionados, depositados e em trânsito (CNM, 2017).

ao mercado capitalista implicou mudanças na vida social, na racionalidade econômica e nos processos produtivos que caracterizavam o campesinato.

Ao analisar toda a gama de atividades que envolvem a atividade agrícola, pode-se perceber a capacidade que a agricultura tem de atuar a favor da inclusão socioprodutiva, devendo ser potencializada em benefício dessa categoria de produtores, bem como de todo o Brasil.

Na agricultura familiar, o sistema em pequena escala desenvolvido pelos trabalhadores, a menor extensão da terra produtiva e a diversidade de culturas em um mesmo local fazem com que exista um enorme envolvimento dos agricultores no cotidiano do trabalho e no emprego de seus próprios conhecimentos para a execução e o sucesso das atividades. Os diferentes papéis da agricultura familiar tornam evidentes sua figura de agentes ativos na tarefa de incluir homens, mulheres e jovens brasileiros no conjunto da economia, seja pelo trabalho, seja pela produção, garantindo que seus direitos sejam assegurados, efetivando a cidadania.

No Brasil, os desafios e os obstáculos para a realização do direito humano à alimentação adequada são inúmeros e complexos. Para a efetivação desse direito, faz-se necessário mudanças estruturais tanto do ponto de vista econômico quanto social e cultural. Estas mudanças precisam estar refletidas na legislação, na regulamentação e na operacionalização de leis e normas existentes, nos processos, nas formas de planejar e executar políticas, nos programas e ações públicas e, sobretudo, na cultura institucional que rege as atribuições e ações do Estado e de seus agentes nas relações com os cidadãos.

Apesar dos avanços ocorridos no combate à fome do Brasil, se observa o aumento da pobreza e da insegurança alimentar nos últimos anos, sobretudo, com a crise sanitária, causada pela pandemia da covid-19, que agravou o desemprego e o subemprego, levando milhares de pessoas ao estado de vulnerabilidade social. Portanto, o desafio para alcançar as metas estabelecidas no ODS 2 da Agenda 2030 são enormes e os caminhos a serem trilhados passam pela produção de alimentos por meio da adoção de sistemas alimentares sustentáveis.

8

IDENTIFICAÇÃO DOS HÁBITOS ALIMENTARES EM COMUNIDADES RURAIS DO SEMIÁRIDO POTIGUAR - BRASIL

Emanoella Delfino Figueirêdo Reinaldo
Márcia Regina Farias da Silva
Gabriela Bielefeld Nardoto
Maria Elisa de Paula Eduardo Garavello

Introdução

As práticas alimentares contemporâneas têm sido influenciadas pelos avanços tecnológicos na indústria de alimentos e na agricultura e pela globalização da economia e são objeto de preocupação das ciências da saúde desde que os estudos epidemiológicos passaram a sinalizar uma estreita relação entre a dieta e algumas doenças crônicas associadas à alimentação. Na atualidade, observa-se um crescente consumo de alimentos industrializados, bem como um aumento da comercialização de alimentos realizada por meio da rede de supermercados. Pressionadas pelo poder aquisitivo, pela publicidade e pela praticidade, as práticas alimentares estão se tornando flexíveis a mudanças, representadas pela incorporação de novos alimentos, formas de preparo, compra e consumo.

As modificações nos estilos de vida da população humana, graças à urbanização e à industrialização crescentes, à evolução das formas de distribuição dos alimentos e do "*marketing*", entre outros fatores, são responsáveis pelas mudanças nos hábitos alimentares nas últimas décadas (Reinaldo, Silva, Nardoto et al., 2015). Assim, verifica-se a evolução do consumo de alimentos industrializados, da alimentação fora do domicílio (em cantinas, restaurantes, *fast-foods*), da prioridade pelos supermercados para a compra dos alimentos, da busca pela praticidade e economia de tempo.

Na era do transgênico, chegam à mesa dos consumidores alimentos com os genes transformados, como a cenoura mais doce, contendo um adicional de betacaroteno, o arroz com mais proteínas, a batata com retardo de escurecimento, o melão com maior resistência a doenças, o milho resistente a pragas, a soja com genes de castanha-do-pará que eleva seu valor nutritivo, o tomate longa vida (que foi o primeiro alimento transgênico a ser comercializado) e a ervilha com genes que permitem sua conservação por mais tempo.

Autores como Avelino, Toscano e Dutra et al. (2020) chamam atenção para os perigos e riscos dos alimentos geneticamente modificados e ultra-processados. Os riscos modernos, em particular os ecológicos, configuram um traço marcante da modernidade, contudo, a incerteza que paira sobre a sociedade e sobre os avanços científicos e tecnológicos torna necessário o estabelecimento de metas ambientais, primordiais para orientar a interferência no meio ambiente, particularmente na produção de alimentos.

Proença (2010) alerta que a expansão e a intensificação da produção industrial de alimentos determinam um processo de distanciamento das pessoas em relação à sua origem e/ou aos ingredientes que os compõem. Ou seja, parte da população não tem conhecimento sobre a qualidade do alimento, a sua segurança, e a forma como foi produzido. Por outro lado, não atentam para os riscos que determinados alimentos podem causar à saúde pela forma como são produzidos, que leva em conta apenas a rapidez, a comodidade e a praticidade. Esses fatores provocam a substituição dos alimentos localmente produzidos pelos de origem industrial.

No decorrer da segunda metade do século XX, a distância entre os diferentes agentes que participam da cadeia produtiva e os consumidores aumentou significativamente. Tal afastamento e falta de informação contribuíram para que os consumidores mantivessem a imagem da agricultura artesanal que a produção rural mantinha até os anos 1960. Assim, quando eventos como o surgimento da encefalopatia espongiforme bovina (doença da vaca louca) são anunciados aos consumidores, estes passam a se questionar sobre o desconhecimento da origem e do sistema de produção dos alimentos (Lambert et al., 2005).

O desenvolvimento de estudos sobre os isótopos estáveis de carbono e nitrogênio identificaram a composição isotópica de ^{13}C e ^{15}N em amostras de unhas das pessoas para avaliar os hábitos alimentares com base no consumo de alimentos oriundos de plantas C_3 (trigo, arroz, feijão) e C_4 (milho, cana-de-açúcar, gramíneas). Esses estudos chegaram a diferentes conclusões, dentre elas destaca-se o aumento no consumo de alimentos derivados de plantas C_4 em detrimento de plantas C_3. Esse cenário também foi observado em comunidades rurais localizadas na região amazônica vizinhas aos centros urbanos (Nardoto et al., 2006a; Nardoto et al., 2011;

Nardoto et al. 2020). O mesmo ocorreu em comunidade rurais do semiárido brasileiro, evidenciando a padronização dos hábitos alimentares entre a população rural e urbana (Reinaldo, 2014; Reinaldo, Silva, Nardoto et al., 2015).

Autores como Silva et al. (2006) e Nardoto et al. (2011) destacam que as dietas baseadas em plantas C_4 associam-se ao aumento do consumo de gordura e açúcar. O elevado consumo desses alimentos é frequentemente relacionado a problemas de saúde, como a obesidade e pressão alta, e ambos associam-se a doenças cardíacas e a diabetes do tipo II.

Pesquisas realizadas por Nardoto et al. (2006b); Fraser, Meier-Augenstein e Kalin (2006); Buchardt, Bunch e Helin (2007); Martinelli et al. (2011), Nardoto et al. (2011), Reinaldo (2014), Reinaldo, Silva e Nardoto et al. (2015) e Nardoto, Silva e Short et al. (2020) têm utilizado a análise de isótopos estáveis de carbono e de nitrogênio em amostras de unhas humanas como uma ferramenta para identificar os hábitos alimentares, chegando a conclusões que levam à mudança alimentar em populações tradicionais.

Ao considerar essa reflexão, observa-se a importância de se realizar um estudo sobre as mudanças dos hábitos alimentares e, de modo mais específico, verificá-las no âmbito das comunidades rurais do semiárido da região Nordeste do Brasil. Nessa direção, o nosso objetivo foi identificar os hábitos alimentares, os tipos de alimentos consumidos e a frequência de consumo em duas comunidades rurais do semiárido, Rancho da Caça e Riachinho, no município de Mossoró, Rio Grande do Norte (RN).

Por fim, cabe ressaltar que esta pesquisa fez parte do projeto "Mapeamento isotópico da dieta no Brasil – dos núcleos mais isolados aos grandes centros urbanos", financiado pela Fundação de Amparo à Pesquisa do Estado de São Paulo – FAPESP, por meio do edital nº. 07/51342-8, e desenvolvida pela Universidade de São Paulo (USP), com a colaboração de pesquisadores de outros centros universitários, a exemplo da Universidade de Brasília e da Universidade do Estado do Rio Grande do Norte (UERN).

Metodologia

O município de Mossoró está situado no estado do Rio Grande do Norte (RN). Possui uma área territorial de 2.100 Km², equivalente a 4,00% da superfície estadual e, segundo o Instituto Brasileiro de Geografia e Estatística - IBGE (2022), a população é de 264.577 mil habitantes, sendo o segundo município mais populoso do Rio Grande do Norte. Mossoró faz fronteira com os municípios de Tibau, Grossos, Areia Branca, Serra do Mel, Açu, Upanema, Governador Dix-Sept Rosado e Baraúna. Está geograficamente localizado na latitude 5º 11' 15" Sul e longitude: 37º 20' 39" Oeste (IBGE, 2022).

As comunidades rurais Rancho da Caça e Riachinho localizam-se a uma distância de aproximadamente 18 km e 15 km, respectivamente, de Mossoró e o acesso às comunidades se dá pela RN-014, mas é preciso sair da rodovia em certo ponto e seguir por uma estrada de terra para chegar às comunidades (figura 76).

A comunidade de Rancho da Caça possui 55 famílias e a de Riachinho 75, no entanto, apenas 40 pessoas, que representam 40 famílias em cada comunidade, demonstraram interesse em participar da pesquisa, totalizando 80 participantes. Essas comunidades têm como principal atividade econômica a pecuária e a agricultura familiar, que nos últimos anos vem sofrendo em função da seca e a escassez de recursos hídricos. Muitos dos alimentos produzidos nas duas comunidades eram para o consumo familiar. No entanto, os fatores climáticos vêm provocando o abandono da prática agropecuária e reduzindo a produção agrícola em ambas as comunidades, contribuindo para a população buscar outras fontes de alimentos.

Figura 76. Mapa de identificação das comunidades rurais Rancho da Caça e Riachinho, Mossoró (RN).

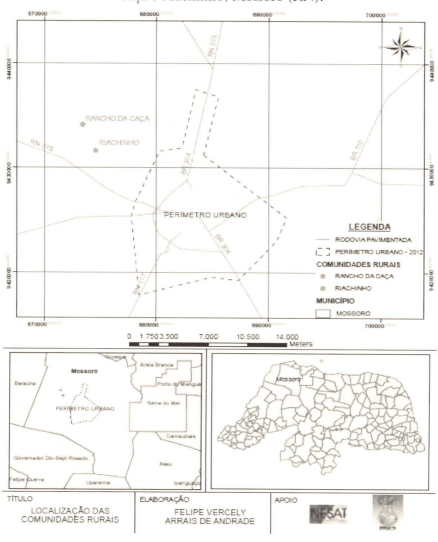

Fonte: Reinaldo, 2014. Adaptado pelas autoras, 2024.

As duas comunidades rurais estudadas encontram-se em estado de vulnerabilidade social e a sua população basicamente possui como principal fonte de renda o programa de transferência de renda, Bolsa Família e outros benefícios sociais, como pensões e aposentadoria. As duas comunidades não dispõem de unidade básica de saúde, não são atendidas por sistema de saneamento básico e a água que abastece as famílias é proveniente de poços artesianos. Em relação ao sistema educacional, a comunidade de Rancho da Caça possui uma escola de educação básica, que oferta o ensino do 1º ao 5º ano do ensino fundamental. Riachinho não dispõem de escola, assim, a população em idade escolar precisa se deslocar para as comunidades circunvizinhas para estudar.

Classificação da pesquisa e instrumentos de coleta de dados

Para a fundamentação metodológica da presente pesquisa foram elencadas as classificações de análise e o método. Trata-se de uma pesquisa de campo e experimental e foram utilizadas as abordagens qualitativa e quantitativa.

A abordagem mista justifica-se porque ambas são complementares e por buscar uma visão mais aprofundada do problema estudado (Pitanga, 2020). Para conseguir a anuência para a pesquisa nas comunidades de Riachinho e Rancho da Caça, foi realizado um contato com o Programa de Desenvolvimento de Área (PDA), sediado na comunidade rural de Jucurí, Mossoró (RN). No primeiro contato, foi apresentada a proposta de pesquisa ao PDA com o intuito de que este conhecesse os objetivos do estudo para consentir com a sua realização. Após a reunião com PDA, ocorreu a assinatura do termo de anuência para execução da pesquisa.

As coletas de dados em Riachinho e Rancho da Caça ocorreram em março de 2013 nos turnos matutino e vespertino. Foram realizadas entrevistas por meio de um questionário semiestruturado com perguntas abertas e fechadas, realizado individualmente e de forma aleatória, tendo duração média de 10 minutos.

O local onde se realizou a coleta de dados foi no interior das casas, geralmente na sala. Em todas as casas visitadas, explicamos aos moradores o propósito da pesquisa e foi solicitado a concordância do Termo de Consentimento Livre e Esclarecido (TCLE), em seguida os participantes respondiam ao questionário. Foram aplicados um total de 40 questionários em cada comunidade, totalizando 80 participantes. A pesquisa foi submetida ao Comitê de Ética da Escola Superior de Agricultura Luiz de Queiroz da Universidade de São Paulo (ESALQ/USP) e aprovada sob o registro COET 053.

Os questionários seguiram o modelo padrão previamente definido pelos pesquisadores da USP e abordaram aspectos, como a naturalidade; a idade; o nível de escolaridade; o tempo de permanência na comunidade; a dimensão econômica abrangendo os benefícios sociais e programas de transferência de renda (Bolsa Família, seguro-defeso, aposentadoria, pensão e outros); os meios de transporte; a situação de moradia (própria, alugada ou cedida); o material de revestimento da casa (alvenaria, taipa ou mista); a fonte de energia; o abastecimento de água; o tratamento de água; a destinação do lixo; os equipamentos utilizados na cozinha; os aparelhos eletrônicos; e a produção de alimentos proveniente de atividade agrícola e extrativista, além da criação de animais.

Ainda foram realizadas entrevistas abordando o consumo alimentar por meio do Recordatório Alimentar 24 horas e a frequência de consumo alimentar. Utilizamos uma tabela na qual constava os principais itens alimentares consumidos no Brasil, tais como: café, doces, arroz, trigo, milho, feijões (leguminosas), tubérculos, legumes, farinha de mandioca, folhas verdes, frutas, laticínios, carne bovina, carne suína, embutidos, frango, ovo de galinha, peixe água doce, peixe marinho e frutos do mar.

Durante a entrevista, os entrevistados informaram detalhes sobre sua dieta e relataram a frequência semanal do consumo dos alimentos: 3 vezes ou mais por semana, até 2 vezes por semana, nunca ou raramente. Por meio da tabela contendo a lista de frequência do consumo alimentar e do Recordatório Alimentar 24 horas, foi possível realizar a avaliação alimentar, identificar e conhecer os principais itens alimentares consumidos habitualmente pela população estudada.

Todos os dados coletados nos questionários foram digitados em um banco de dados padrão, com o auxílio do software Microsoft Office Excel 2013 e os resultados foram apresentados na forma de gráficos.

Resultados e Discussão

Caracterização socioeconômica da população estudada

Em Rancho da Caça, dos 40 entrevistados, 70% são naturais de Mossoró (RN) e 5% são de Tenente-Ananias (RN). As demais procedências somam 25% e se distribuem entre Porta Alegre (RN), Alexandria (RN); Baraúna (RN); Belém (PB); Brejo do Cruz (PB); Umarizal (RN); Santana do Mato (RN); Marcelino Vieira (RN); Rio de Janeiro (Rio de Janeiro, RJ); Guarabira (Paraíba, PB) e Pombal (PB). A situação é semelhante em Riachinho: 67,50% são de Mossoró; 7,50% de Cerro-Corrá (RN), 5% de Alexandria; 5% de Marcelino Vieira e 2,5% são oriundos de Maranguape (Ceará, CE), Aracati (CE), Martins (RN), Pedra-Preta (RN); Santana do Mato e Severiano Dias (RN). Percebeu-se que a maior parte dos entrevistados é natural do município de Mossoró e de outros municípios localizados no estado do RN. Também observou-se que quatro pessoas em Rancho da Caça são naturais do estado da Paraíba e uma do Rio de Janeiro; já em Riachinho, duas pessoas são naturais do estado do Ceará.

Ao considerar a influência e as características que fazem parte da cultura alimentar local, é fundamental salientar que elas vêm sofrendo mudanças com o passar dos anos, sobretudo em virtude do processo de globalização e da crescente urbanização que faz com que pessoas de diferentes regiões consumam alimentos das mais diversas localidades. Desse modo, embora as comunidades sejam predominantemente habitadas por indivíduos pertencentes à mesma localidade, e possuam características diferenciadas das demais regiões, verificou-se que estes recebem influência direta na sua alimentação advinda do mercado externo. Isso faz com que as famílias de Rancho da Caça e Riachinho possuam a mesma dieta dos moradores urbanos e até mesmo de outras localidades, o que pode contribuir para a perda da sua identidade cultural local.

No tocante à questão do gênero, em Rancho da Caça, 62,50% pertencem ao sexo feminino e 37,50% ao masculino e todos possuem uma idade média de 43 anos. Na comunidade de Riachinho, a maior parte dos entrevistados também é do sexo feminino totalizando 67,50% e o masculino 32,50%.

No que diz respeito à escolaridade dos entrevistados, constatou-se que em Rancho da Caça há um baixo nível de escolaridade, uma vez que a maior parte, ou seja, 57% têm o ensino fundamental incompleto; 10%, o ensino fundamental completo; 23%, o ensino médio completo; 5%, o ensino médio incompleto; e 5%, o ensino superior completo. O nível de escolaridade em Riachinho é ainda mais crítico, uma vez que 72% dizem ter apenas o ensino fundamental incompleto; 12%, o ensino fundamental completo; 13%, o ensino médio completo; e 3% o ensino médio incompleto.

Essa realidade pode estar relacionada à ausência de uma escola que ofereça o ensino do 6º ao 9º ano do ensino fundamental em Riachinho e o ensino fundamental completo em Rancho da Caça. Para ter acesso à educação, a população de Riachinho e Rancho da Caça se deslocam para comunidades vizinhas em um ônibus disponibilizado pela prefeitura de Mossoró. Ao considerar que a escola é um espaço estratégico de vivência e formação de hábitos, é possível inferir que, pode-se trabalhar com ações voltadas para conscientização de hábitos alimentares saudáveis por meio da escola, visando à segurança alimentar e nutricional e à prevenção de doenças. É importante ainda que essas ações atinjam a população como um todo.

Quando questionados sobre a participação na associação de classe, em Rancho da Caça, 47% responderam que participam da Associação de Pequenos Produtores Rurais de Rancho da Caça e o restante declarou que não participa. Já em Riachinho, a participação é um pouco maior, uma vez que 57% dizem participar da Associação Comunitária do Riachinho.

Referente à ocupação dos moradores, na comunidade de Rancho da Caça, apenas 13% dos entrevistados possuem salário fixo, 32% são autônomos e 55% não possuem nenhum tipo de ocupação. Em Riachinho, o cenário é quase o mesmo: 14% possuem salário fixo, 26% são autônomos e 60% não possuem nenhum tipo de ocupação. Percebe-se que o número de pessoas entrevistadas que não possuem nenhum tipo de trabalho remunerado é elevado, logo, a renda necessária para suprir as necessidades diárias é por vezes proveniente apenas de benefícios sociais.

No que concerne aos benefícios sociais, – com destaque para o Programa Bolsa Família, a aposentadoria, o recebimento de pensão e outros auxílios –, a maior parte da população em Rancho da Caça é aposentada, totalizando 48% dos entrevistados; 30% recebem o Bolsa Família; 13% responderam que recebem outros tipos de benefícios como, por exemplo, o Seguro Safra, e apenas 9% são pensionistas. Em Riachinho, a realidade é diferente, porque a maior parcela da população, ou seja, 64%, recebem o Bolsa Família; 32% são aposentados; e 4% relataram receber outros tipos de benefícios como o Seguro Safra. Percebe-se que o auxílio governamental exerce forte influência em Riachinho.

Os resultados dos dados da avaliação de impacto do programa Bolsa Família, desenvolvido pelo Ministério do Desenvolvimento Social e Combate à Fome Brasil (2007), apontam que as famílias em situação de vulnerabilidade e que são beneficiadas por esse programa apresentam gastos elevados com o consumo de alimentos, em comparação com as não beneficiadas.

Nas duas comunidades estudadas, o principal meio de transporte é a motocicleta. Em Rancho da Caça, 50% da população dispõe desse tipo de transporte; 25% possuem bicicleta e mais 25% dispõem de carro. Na comunidade de Riachinho, a porcentagem de motos ainda é maior, uma vez que 60% da população respondeu possuir este meio de transporte; 33% afirmaram ter bicicleta e apenas 7% declararam possuir carro. Esses meios de transporte facilitam o acesso à cidade e muitas vezes são usados para as famílias irem buscar o que o campo não oferece, a exemplo do emprego com salário fixo, postos de saúde e alimentos.

Ao serem indagados sobre a situação de moradia, em Rancho da Caça, 93% dos entrevistados responderam ser proprietário da sua unidade residencial e somente 7% declararam morar em casas alugadas. Em Riachinho, 90% afirmaram possuir casa própria, 5% disseram ser cedida e mais 5%, alugada.

Quanto ao revestimento das casas, constatou-se que, em Rancho da Caça, 65% das moradias são de alvenaria e 35% de taipa (pau-a-pique). Já em Riachinho, 90% das casas são de alvenaria, 5% são mistas (revestidas de taipa e alvenaria) e 5% são de taipa. Verificou-se ainda que o material do telhado de todas as residências visitadas é de cerâmica. A água que abastece Rancho da Caça e Riachinho é 100% proveniente de poços artesanais e passa por um processo de dessalinização para ser consumida.

Nas duas comunidades em questão, 100% do efluente produzido é descartado em fossa séptica. No que diz respeito à destinação final dos resíduos sólidos, em Rancho da Caça, 73% declararam destinar o seu lixo para coleta simples e o restante afirmou queimá-lo. Já em Riachinho, 68% responderam destinar os resíduos para coleta simples; 4% relataram enterrá-lo e 28% ainda possuem o hábito de queimar o lixo.

Essa não é uma realidade ambientalmente adequada, no entanto, ela ocorre em virtude das condições precárias de ambas as comunidades estudadas. Diante dessa conjuntura, os dados do CONSEA (2010) expõem que a falta de esgotamento sanitário e a negligência na coleta e destinação adequada para o lixo são os fatores que, além de elevar a incidência de doenças típicas em diversos países em situação precária, contribuem de forma expressiva para o crescimento do problema da insegurança alimentar e nutricional.

Referindo-se ao tipo de banheiro, observou-se, em Rancho da Caça, que 73% da população estudada possui banheiro interno; 24% têm banheiro externo e apenas 3% possuem banheiro interno e externo. Em Riachinho, 98% dos entrevistados dispõem de banheiro interno; e 2%, externo.

Em se tratando do número de cômodos na moradia, verificou-se que, em Rancho da Caça, 47% dos entrevistados possuem de 2 a 4 cômodos; 45% possuem de 5 a 7; e 8% dispõem de 8 a 10 cômodos. Na comunidade de Riachinho, 48% possuem de 5 a 7 cômodos; 47% têm de 2 a 4; e 5% dispõem de 8 a 10 cômodos.

Dos equipamentos utilizados na cozinha, 42% dos entrevistados em Rancho da Caça possuem fogão a gás; 40% dispõem de geladeira; 11% ainda fazem uso do fogão a lenha; 6% possuem *freezer*; e apenas 1% dispõe de micro-ondas. Em Riachinho, o cenário é quase o mesmo: 39% possuem fogão a gás; 39% possuem geladeira; 11% dispõem de fogão a lenha; 8% possuem micro-ondas; e somente 3% dispõem de freezer.

Os equipamentos facilitam as preparações culinárias, economizando tempo (micro-ondas e fogão a gás) e conservando alimentos (geladeira e *freezer*). A entrada desses aparelhos nas cozinhas modificou os processos de preparação, de cozimento e de conservação, interferindo no cotidiano das pessoas. Antes, a realização de práticas alimentares demandava mais atividades, todavia, já foi comprovado que a introdução de novas tecnologias reduz as atividades necessárias ao processo de preparação de alimentos (Reinaldo, 2014).

Ainda que utilizado por poucas famílias nas comunidades, o fogão a lenha ainda se faz presente no preparo de alimentos. De acordo com Reinaldo (2014) o uso desse utensílio encontra-se mais restrito às áreas rurais e em comunidades urbanas de baixa renda. A influência urbana no espaço rural faz com que novos hábitos sejam estabelecidos.

Nessa direção, ao mudar os objetos que foram utilizados há tempos na cozinha, muda-se, consequentemente, os modos de preparo dos alimentos, as suas formas, gostos e sabores. Em relação há tempos passados, o espaço rural hoje encontra-se amplamente modificado. O uso de equipamentos modernos na cozinha, juntamente com todo o aparato tecnológico na produção de alimentos, faz com que as práticas alimentares sejam modificadas e a identidade cultural seja perdida.

A realidade de vulnerabilidade social das comunidades de Rancho da Caça e Riachinho não é diferente de outras comunidades rurais, os moradores enfrentam dificuldades nos modos de produção de seus próprios alimentos, justamente em função da falta de conhecimento e do acesso às técnicas necessárias, fazendo com que se distanciem e abandonem a produção, tornando-se submissos aos centros urbanos e valorizando os alimentos industrializados disponíveis nesses espaços.

Atualmente, a base da alimentação em qualquer país é advinda de um sistema de produção e de distribuição em escala planetária. Como consequência desses fatores, tem-se a dificuldade em manter as formas tradicionais de produção agropecuária para a subsistência. Embora essa seja a realidade de muitos agricultores, nas comunidades de Rancho da Caça e Riachinho, ainda foi possível constatar a criação de animais e o cultivo de frutíferas.

Descrições dos alimentos cultivados e das criações de animais em Riachinho e Rancho da Caça

Por meio das entrevistas, foi possível conhecer os alimentos cultivados pelas famílias estudadas nas duas comunidades, bem como os principais animais de criação. Constatou-se que os entrevistados estão desanimados com as produções que realizam, pois os fatores climáticos os impedem de produzir outros tipos de alimentos para o seu consumo e para os animais criados na comunidade. Cabe ressaltar que o semiárido brasileiro passou por um período de estiagem prolongada (2012-2018) e os efeitos da seca se refletem na qualidade e na quantidade da produção das comunidades rurais do semiárido. Todavia, mesmo diante das dificuldades impostas pela seca, verificou-se que, em Rancho da Caça, ainda há criação de animais, distribuída da seguinte forma 61% criam galinhas caipiras; 21%, vacas; 14%, ovelhas; 2%, porcos; e 2% criam guinés (galinhas-d'angola).

Já em Riachinho, há uma diversidade maior das criações: 48% criam galinhas caipiras; 17%, vacas; 11%, ovelhas; 6%, patos; 6%, porcos; e 6% frangos. Desse modo, percebe-se que os animais mais criados em ambas as comunidades são galinhas, ovelhas e vacas. Em todo semiárido, faz-se necessário a ampliação das tecnologias sociais de convivência sustentável com o semiárido, a exemplo das cisternas, quintais produtivos, barragens e outras, que possam garantir a segurança hídrica e alimentar para as famílias.

Nas duas comunidades, as famílias que possuem o hábito de criar animais revelaram que estes só são consumidos quando há uma ocasião especial, como, por exemplo, a chegada de um parente e em datas comemorativas. Desse modo, embora tenha-se o costume tradicional da criação de animais para a subsistência, estes não são consumidos com frequência, pois a comida é comprada no supermercado ou no mercadinho próximos. Assim, é possível inferir que se prioriza a compra de alimentos, mesmo desconhecendo as suas origens. A busca pela praticidade e economia de tempo no preparo do alimento não é uma realidade apenas dos espaços urbanos, mas também faz parte do espaço rural.

Referente às plantas frutíferas cultivas nas comunidades, constatou-se que, em Rancho da Caça, o abacate, a banana, a carambola, a laranja, o mamão, o maracujá e o noni representaram apenas 1% de produção; a graviola, 2%; a tamarindo, 3%; o cajá, 4%; a cajarana e a pinha, 7%, cada; a manga, 8%; a seriguela, 10%; a acerola, 11%; o limão, 12%; o coco, 14% e a goiaba, 16%. Em Riachinho, o cenário é semelhante: a banana, a cana-de-açúcar e a laranja só representam 1% do cultivo; o mamão, 2%; o caju, a graviola e a romã, 3%; a tamarindo, 4 %; a pinha, 6%; o coco e a manga, 7%; o cajá, 8%; o limão e a seriguela, 9%; a acerola e a cajarana, 10%; e a goiaba, 18%. No caso de Riachinho, as principais frutíferas cultivadas são goiaba, acerola e cajarana (Reinaldo, 2014).

É importante destacar que as árvores frutíferas presentes na área de estudo são todas para o consumo familiar e são cultivadas nos quintais das casas. Desse modo, produz-se alimentos saudáveis, garante-se a soberania e a segurança alimentar e resgata-se a identidade cultural do campo, respeitando as diversidades regionais.

De acordo com Barros, Silva e Dutra (2019), os quintais domésticos são considerados reservatórios de agrobiodiversidade em comunidades rurais do mundo todo. A mulher é a figura responsável pela manutenção dessa prática, uma importante atividade doméstica, que garante o acesso das famílias a uma dieta saudável e adequada ao gosto e às tradições locais, contribuindo ainda para uma maior segurança alimentar.

Além disso, Silva (2011) considera os quintais domésticos um importante sistema agrícola ou agroflorestal, que se apresentam como uma fonte que supre as necessidades de subsistência diárias dos domicílios, colaborando para a melhoria da qualidade alimentar das famílias e ainda podem gerar uma renda extra por meio da comercialização da produção excedente.

Nas duas comunidades, a escassez dos recursos hídricos e os fatores climáticos têm impossibilitado o cultivo – segundo os entrevistados, havia no passado a produção de milho, feijão, entre outros. Diante das adversidades e das transformações nos modos de produção e na criação de animais, o agricultor familiar vê-se praticamente obrigado a abandonar suas atividades, apesar das comunidades estudadas ainda resguardarem a atividade agrícola frente aos desafios impostos pela própria natureza e pelo sistema de produção capitalista.

No sentido de reverter essa realidade vivenciada no semiárido brasileiro, Dias, Lima e Lima et al. (2019) apresentam estratégias que garantem a produção de alimentos durante os períodos de estiagem, desenvolvidas por famílias de assentamentos rurais de Mossoró, a exemplo da criação de tilápias em águas salinas e do reuso de água para produção de frutíferas e plantas ornamentais, apontando ainda a captação e o armazenamento de água para a produção agrícola em cisternas, com destaque para a importância do Programa um Milhão de Cisternas no semiárido brasileiro.

Nessa direção, Silva, Garavello e Silva (2019) destacam a importância da formulação de políticas públicas que atendam às especificidades do semiárido brasileiro para que seja possível a convivência com os períodos de estiagem sem comprometer a segurança hídrica e a soberania alimentar da população.

Perfil do consumo alimentar das comunidades amostradas

No sentido de conhecer o consumo alimentar atual da população residente em Rancho da Caça e Riachinho, foi aplicado o Recordatório Alimentar 24 horas, identificando o que foi consumido nesse período de tempo no café da manhã, almoço, lanche, jantar e ceia. Para uma melhor visualização do gráfico, alguns itens foram agrupados, tais como, os doces (bolos, chocolate, compotas, doces caseiros, biscoitos recheados, sorvete, picolé, mousse e suco em pó), os laticínios (leite, iogurte, queijo, manteiga e coalhada), os legumes (cenoura, jerimum e beterraba), as frutas (todos os tipos de frutas consumidas *in natura* ou na forma de suco, exceto o consumo do suco em pó), a farinha de mandioca (farofa) e os tubérculos (batata-doce).

Em Rancho da Caça, o consumo de alimentos no café da manhã distribui-se da seguinte maneira: 1% de arroz, carne de boi, linguiça e salsicha; 3% de cuscuz, farinha de mandioca, frutas e pastel; 5% de pão e a tapioca; 6% de doces; 9% de ovos; 10% de bolacha seca; 22% de laticínios; e 25% de o café (figura 77).

Figura 77. Recordatório Alimentar 24 horas dos alimentos consumidos no café da manhã – Rancho da Caça, Mossoró (RN)

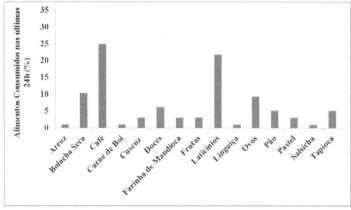

Fonte: Reinaldo (2014).

Na comunidade de Riachinho, registrou-se no café da manhã, 1% de doces, pamonha e sanduíche; 2% de frutas, panqueca, presunto e rapadura; 3% de cuscuz, ovos e tapioca; 4% de pastel; 8% de pão; 14% de bolacha seca; 21% de laticínios; e 33% de café. Sobressaem-se, então, o café, os laticínios e a bolacha seca (figura 78).

Figura 78. Recordatório Alimentar 24 horas dos alimentos consumidos no café da manhã – Riachinho, Mossoró (RN)

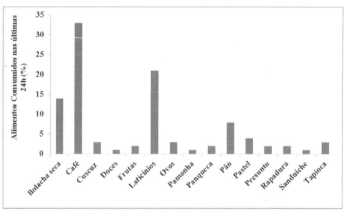

Fonte: Reinaldo, 2014.

Ao mesmo tempo, nas duas comunidades, observou-se o consumo elevado de café e laticínios no café da manhã, além de um pouco representativo consumo de alguns alimentos típicos e tradicionais como a tapioca, que é um item alimentar consumido nas duas comunidades, a pamonha e a rapadura, consumida apenas em Riachinho. Verificou-se, ainda, que é pouco expressivo o consumo de alimentos processados, típicos da dieta moderna e/ou ocidental, como, por exemplo, a linguiça e a salsicha, em Rancho da Caça, e o presunto e o sanduíche, em Riachinho.

Quanto aos itens alimentares consumidos no almoço, verificou-se, em Rancho da Caça, 1% de carne de boi, costela de boi, doces, farinha de mandioca, legumes, mão de vaca, ovos, paçoca, pão, peixe e rapadura; 2% de refrigerante; 3% de arroz de leite, baião de dois, cuscuz; 4% de tubérculos; 6% de macarrão; 8% de frango; 10% de carne de porco; 11% de frutas; 17% de arroz; e 22% de feijão (figura 79). Com relação à carne, constatou-se um alto consumo de carne de porco e de frango em detrimento da carne de boi. No que diz respeito à farinha, percebe-se um consumo maior da farinha de milho (cuscuz) em detrimento da farinha de mandioca.

Figura 79. Recordatório Alimentar 24 horas dos alimentos consumidos no almoço – Rancho da Caça, Mossoró (RN)

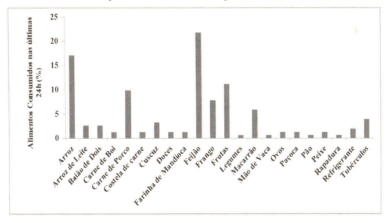

Fonte: Reinaldo, 2014.

Em Riachinho, os itens consumidos no almoço foram praticamente os mesmos, com exceção de alguns e das adições de outros. Os alimentos apresentam-se distribuídos da seguinte maneira: 1% de arroz de leite, carne de porco, ovos, paçoca e tubérculos; 2% de farinha de mandioca, linguiça e peixe; 3% de legumes; 5% de doces e frango; 7% de cuscuz; 9% de macarrão; 10% de frutas; 13% de carne de boi; 17% de arroz; e 20% de feijão (figura 80).

É possível verificar, a partir dos dados expostos, que em ambas as comunidades os principais itens consumidos no almoço foram o feijão com arroz. Com pouca expressividade, percebe-se a presença de alguns alimentos tradicionais como a rapadura, em Rancho da Caça, e o arroz de leite e a paçoca, em ambas as comunidades. O refrigerante, símbolo da dieta moderna, também foi citado por um dos entrevistados de Rancho da Caça, porém, não foi constatado nenhum registro do seu consumo em Riachinho.

Figura 80. Recordatório Alimentar 24 horas dos alimentos consumidos no almoço – Riachinho, Mossoró (RN)

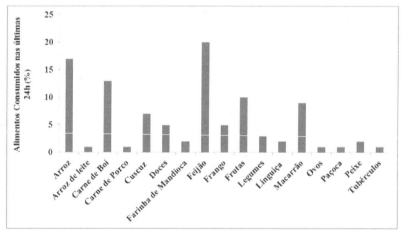

Fonte: Reinaldo, 2014.

No lanche, refeição realizada entre o almoço e o jantar, observou-se em Rancho Caça o consumo dos itens alimentares divididos do seguinte modo: carne de boi, farinha de mandioca, ovos, picanha e rapadura com

2%; tapioca com 4%; pão com 8%; frutas com 10%; bolacha seca com 12%; laticínios 16%; café e doces com 20% (figura 81). Percebe-se, então, o elevado consumo de café, doces e laticínios e um baixo consumo de duas comidas tradicionais: o arroz de leite e a paçoca. Ressalta-se que os doces se tratam de alimentos processados, típicos da dieta moderna, que podem causar danos à saúde humana

Figura 81. Recordatório Alimentar 24 horas dos alimentos consumidos no lanche – Rancho da Caça, Mossoró (RN)

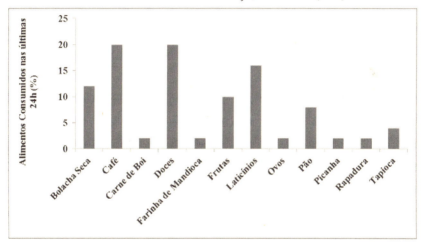

Fonte: Reinaldo, 2014.

Já em Riachinho, os alimentos consumidos no lanche são um pouco diferentes, eles distribuem-se da seguinte maneira: cocada, mortadela, ovos, panqueca, rapadura, sanduíche e tapioca com 2%; cuscuz com 4%; frutas com 6%; doces com 11%; laticínios e pão com 13%; bolacha seca com 19%; e café com 22% (figura 82). A bolacha seca, o café, os laticínios e o pão apresentaram o maior consumo e os alimentos tradicionais, como a cocada, a rapadura e a tapioca, uma baixa ingestão, o mesmo dado se repete para a mortadela e o sanduíche, alimentos típicos da dieta moderna.

Figura 82. Recordatório Alimentar 24 horas dos alimentos consumidos no lanche – Riachinho, Mossoró (RN)

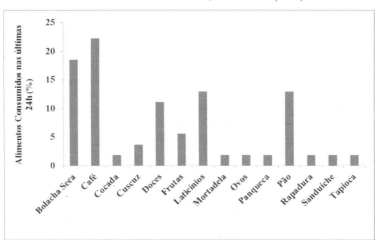

Fonte: Reinaldo, 2014.

Referente ao jantar, em Rancho da Caça, os itens alimentares baião de dois, canjica, costela de boi, legumes, rapadura e tapioca representaram apenas 1% de consumo; a canja de frango, o milho cozido e o pirão de costela de boi, 2%; o arroz de leite, farinha de mandioca, frango, ovos e o peixe, 3%; a bolacha seca, o café e o macarrão, 4%; o arroz, as frutas e os laticínios, 6%; a sopa de carne, 9%; o feijão, 10%; o cuscuz, 11%; e a carne de boi, 12% (figura 83). Sendo assim, a sopa de carne, o cuscuz da farinha de milho, o feijão e a carne de boi representaram a maior parcela de alimentos consumidos. Novamente, a farinha de milho, ou seja, o cuscuz, se sobressai frente à farinha de mandioca.

Em Riachinho, a variedade alimentar dos itens consumidos no jantar foi um pouco menor, muitos itens apresentaram baixa representatividade e alguns mostram-se com uma concentração maior no jantar. O arroz de leite, a bolacha seca, a farinha de mandioca, o frango, a pamonha e o peixe representaram apenas 1% dos alimentos consumidos; a costela de boi, os legumes e a linguiça, 2%; o café e a sopa de feijão, 3%; o macarrão, 4%; os laticínios e a sopa de carne, 6%; os ovos, 7%; o cuscuz, 8%; os doces, 10%; as frutas, 11%; o arroz, 13%; e a carne de boi, 15% (figura 84). Diferentemente de Rancho da Caça, os doces se fizeram bastantes presentes na alimentação da população de Riachinho, além destes, a carne de boi, o arroz e as frutas também estiveram bastante presentes nos pratos. A farofa do cuscuz também foi mais consumida do que a farinha de mandioca em Riachinho.

Figura 83. Recordatório Alimentar 24 horas dos alimentos consumidos no jantar – Rancho da Caça, Mossoró (RN)

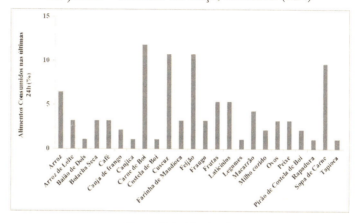

Fonte: Reinaldo, 2014.

Figura 84. Recordatório Alimentar 24 horas dos alimentos consumidos no jantar – Riachinho, Mossoró (RN)

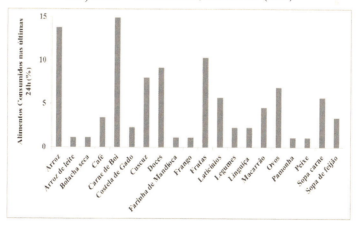

Fonte: Reinaldo, 2014.

Os resultados apresentados no Recordatório mostram que os itens alimentares consumidos não divergem muito de uma comunidade para a outra. Mesmo diante da industrialização alimentar e do abandono de hábitos alimentares culturais, verificou-se um expressivo consumo do feijão com arroz, sobretudo no almoço, nas duas comunidades. O mesmo ocorreu com o café, no café da manhã e no lanche. No entanto, observou-se no lanche um elevado consumo de doces nas duas comunidades.

Ainda constatou-se um baixo consumo dos alimentos regionais como a tapioca, o beiju, a pamonha, a rapadura, a cocada, o arroz de leite, o baião de dois e o pirão de costela de boi. Da mesma forma, alimentos processados, como a salsicha, a linguiça e o presunto, foram pouco citados. Os sanduíches e os refrigerantes, que simbolizam a praticidade e o *fast food*, apareceram pouco na pesquisa. Também notou-se um baixo consumo de legumes e de tubérculos e as folhas verdes não foram citadas em nenhuma das refeições pelos participantes das duas comunidades.

Por meio do Recordatório 24 horas, percebeu-se que os alimentos industrializados – doces, salsicha, linguiça e presunto – fazem parte das refeições da população rural. Esses alimentos condizem com o estilo de vida moderno e apresentam grande concentração de gordura, açúcar e sal que são altamente prejudiciais à saúde. Nesse sentido, Garcia (2011) ressalta que os alimentos industrializados, pré-preparados ou prontos, podem ter uma concentração energética mais alta do que muitas receitas domésticas. O Ministério da Saúde associa o consumo desses alimentos ao aumento de doenças crônicas não transmissíveis (DCNT) como, por exemplo, a obesidade.

Já os alimentos de origem vegetal, principalmente as frutas, os legumes e as verduras, quando consumidos regularmente e em quantidades apropriadas são fatores de proteção contra várias doenças relacionadas à alimentação. No entanto, o consumo desses alimentos, com exceção das frutas, mostrou-se aquém do esperado nas duas comunidades durante a pesquisa.

O alimento moderno é desconectado do seu enraizamento geográfico, as empresas agroalimentares transnacionais atuam distribuindo em todo o planeta carnes e peixes congelados, conservas enlatadas, queijos, coca-cola, ketchup, hambúrguer, entre outros. Logo, o mercado global ultrapassa as barreiras físicas e introduz alimentos das mais variadas origens em regiões cada vez mais remotas. Assim, como destacam Avelino, Toscano e Dutra et al. (2020), o processo de globalização teve papel fundamental na mundialização do padrão alimentar.

Nesse sentido, constatou-se que, a população de Rancho da Caça e Riachinho, embora localizada na zona rural do município de Mossoró, possui acesso aos mais variados alimentos nas redes de supermercados do centro urbano. O Recordatório 24 horas mostrou a adesão à dieta de supermercado pelas comunidades rurais e a dependência dos produtos advindos dos centros urbanos. Essa dependência ocorre em função de que todos os itens alimentares consumidos pelos habitantes dessas comunidades são oriundos de supermercados e mercadinhos localizados próximos à comunidade.

Uma pesquisa realizada por Bezerra e Silva (2019) revela que a população rural do município de Mossoró se desloca ao centro urbano com a finalidade de realizar as compras semanais em supermercados e hipermercados. Uma parte considerável dessa população desconhece a origem dos alimentos consumidos. As autoras afirmam que 66% de um universo de 200 participantes não observam a origem dos alimentos. Os 44% que observam o rótulo da embalagem o fazem sobretudo para verificar a validade do produto. As autoras ainda ressaltam que 55,5% afirmaram observar apenas a validade e o custo dos produtos; 15,0% leem todas as informações; 14,5%, nenhuma das informações; 11,5%, apenas a validade do produto; e 3,5%, apenas o preço do produto. Isso indica que a população não tem por hábito verificar a origem dos alimentos consumidos.

Nas duas comunidades pesquisadas, os participantes acham mais cômodo comprar os alimentos em supermercados, pois, segundo eles, é trabalhoso matar uma galinha e toma tempo prepará-la para o consumo, por exemplo. Por meio do Recordatório 24 horas, foi possível observar que, embora tenha sido baixo o consumo dos alimentos regionais, eles ainda estão presentes nas refeições dos participantes da pesquisa. Assim, permanece o hábito de consumir alimentos regionais, mas com menor frequência.

Além de conhecer os alimentos consumidos nas últimas 24 horas, por meio do Recordatório, ainda foi verificada a frequência de consumo semanal dos alimentos. Isso foi possível através das respostas a um questionário que agrupou os itens: doces que incluiu sobremesa, bolo, tortas, chocolate, doces em compota, doces caseiros, biscoitos, sorvete, suco em pó, dentre outros; trigo (todos os tipos de "massa" feita de farinha): macarrão, pizza e pão; milho: em grãos, pipoca, alimentos feitos com farinha de milho ou fubá; tubérculos: batata inglesa, batata doce, cará e inhame; legumes: abóbora, abobrinha, chuchu, berinjela, quiabo e maxixe; raízes: mandioca, mandioquinha, cenoura, beterraba, nabo e rabanete; folhas verdes: bróco-lis, alface, rúcula, couve-flor, dentre outras; frutas: *in natura* ou na forma de suco, com exceção do consumo de suco em pó; laticínios: leite *in natura* e todos os derivados; embutidos: presunto, calabresa, salsicha, linguiça, mortadela e outros; frutos do mar: lagosta, caranguejo, camarão, mariscos e outros.

Por meio dos questionamentos sobre a frequência alimentar, verifi-cou-se na comunidade de Rancho da Caça que os alimentos que mais se destacaram no consumo semanal de até 3 vezes por semana foram o feijão com 98%; o arroz, 95%; a carne bovina, 88%; o ovo e o café, 83% cada; o milho, 80%; o frango, 78%; os laticínios e as frutas 65% cada; e a farinha de mandioca, 63%. Com referência à frequência do consumo de apenas 2 vezes por semana, os alimentos que se sobressaíram foram os tubérculos com 30%; os laticínios, os legumes e o trigo com 23% cada; as frutas com 20%; o peixe marinho com 18%; e o peixe de água doce, a carne suína e os doces com 15% cada. Já os alimentos que são consumidos com uma frequência de menos de 2 vezes por semana, ou seja, nunca ou raramente, tem-se, a mão de vaca e os frutos do mar com 98% cada; a carne de criação de ovelha, 90%; o peixe marinho, 58%; o peixe de água doce, 53%; e a carne suína com 55% (figura 85).

Nesse caso, é importante salientar que a mão de vaca e a carne de ove-lha foram itens citados pelas pessoas questionadas como itens regionais consumidos, porém com frequência muito baixa.

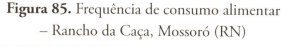

Figura 85. Frequência de consumo alimentar
– Rancho da Caça, Mossoró (RN)

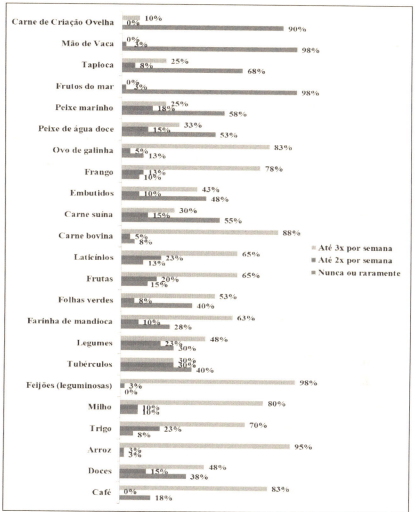

Fonte: Reinaldo, 2014.

Na comunidade de Riachinho, os itens alimentares que mais se destacaram na frequência do consumo de até 3 vezes por semana foram o arroz com 95%; o feijão, 90%; o café, 88%; a carne bovina, 85%; os legumes e o milho, 83%; o ovo de galinha e o frango, 75%; as frutas e as folhas verdes,

70%; e o trigo, 68%. Os alimentos que apresentaram maior representatividade no que diz respeito à frequência do consumo de até 2 vezes por semana foram as frutas com 18%; o peixe marinho e a farinha de mandioca com 15% cada; e o trigo e os doces com 20%, respectivamente. Quanto aos alimentos que os entrevistados declararam consumir com uma frequência de menos de 2 vezes por semana, isto é, nunca ou raramente, destacam-se a carne de ovelha com 95%; a carne suína com 93%; a galinha caipira com 80%; o peixe marinho com 73%; os tubérculos com 70%; a tapioca com 68%; e o peixe de água doce com 65% (figura 86).

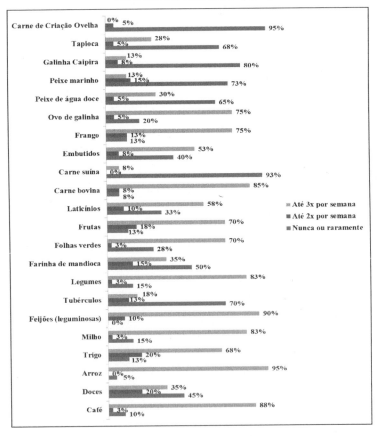

Figura 86. Frequência de consumo alimentar – Riachinho, Mossoró (RN)

Fonte: Reinaldo, 2014.

Diante dos resultados encontrados nas duas comunidades, percebeu-se no Recordatório 24 horas um elevado consumo de feijão, arroz, café, milho e carne bovina. Ao passo que, as carnes de animais de criação (ovelha e galinha), a mão de vaca, a tapioca, os tubérculos e os frutos do mar apresentaram uma frequência de consumo consideravelmente baixa. Este último item pode ser explicado em razão da pesquisa ter sido desenvolvida em uma área rural e os animais criados pelas famílias serem consumidos apenas em datas especiais. As duas comunidades apresentaram padrões alimentares semelhantes.

Um estudo realizado por Carvalho e Rocha (2011) com a população residente na zona rural do município de Ibatiba, estado do Espírito Santo, apresentou resultados semelhantes com os do presente estudo, uma vez que foi verificado o consumo habitual de arroz, feijão, café, pães, leite de vaca, margarina, açúcar, farinha de mandioca e folhosos. No entanto, constatou-se baixo consumo de frutas, embora as frutas sejam um alimento regionalmente cultivado. Os autores explicam que essa situação ocorre em função do período de safra e entressafra característico deste grupo de alimento e também em razão de sua destinação à comercialização e muito pouco em relação ao consumo.

Ainda que tenha sido constatado neste trabalho o consumo expressivo de alimentos tradicionais na dieta brasileira, como o feijão e o arroz, é importante salientar que, do ponto de vista da transição nutricional, as comunidades rurais amostradas estão vivenciando um processo de mudança, uma vez que observou-se o consumo representativo de embutidos, que engloba os alimentos semiprontos, e de gorduras de origem animal, devido ao elevado consumo de laticínios . Além destes, os doces também apresentaram expressiva participação no consumo.

Portanto, as dietas adotadas nas duas comunidades estão diretamente relacionadas às DCNT e pode-se concluir que os indivíduos que aderem a uma dieta pouco natural podem estar correndo o risco a longo ou médio prazo de contrair essas doenças. Todavia, o Recordatório 24 horas e a frequência do consumo alimentar podem apresentar variação no consumo alimentar dos indivíduos em função da influência da sazonalidade, bem como das vontades e preferências pessoais no consumo de determinados alimentos.

Considerações finais

A pesquisa teve o propósito de verificar os hábitos alimentares de duas comunidades rurais do semiárido brasileiro. Para tanto, consideraram-se os aspectos socioeconômicos, as produções alimentares, as criações de animais e os tipos de alimentos consumidos por seus habitantes, no sentido de compreender a dinâmica alimentar das populações humanas.

A situação atual das comunidades rurais estudadas é de dependência da compra de alimentos nos mercados e supermercados e de limitações impostas à produção de alimentos, esses fatores não têm garantido a soberania alimentar.

O contexto em que se encontram os habitantes das duas comunidades pode contribuir diretamente para a substituição dos alimentos localmente produzidos por produtos processados e industrializados. Estes últimos, no entanto, não garantem a segurança alimentar, uma vez que não se conhece as suas origens nem os seus modos de produção.

A dependência da compra externa de alimentos ainda contribui para o sedentarismo, tendo em vista que nenhum esforço físico e/ou gasto de energia é realizado para se obter o alimento. Desse modo, o abandono da produção local e a aderência aos alimentos industrializados, ricos em açúcares e gorduras na maioria das vezes, põe em risco a saúde humana e são uns dos itens principais na proliferação das DCNT.

Mesmo diante das mudanças alimentares observadas, detectou-se nas duas comunidades, por meio do Recordatório 24 horas e da frequência de consumo alimentar, o forte consumo do feijão e do arroz, itens tradicionais na dieta dos brasileiros. Desse modo, apesar da intensa influência das plantas C4 e dos alimentos processados na dieta moderna, os itens tradicionais ainda persistem na mesa dessa população. Logo, é possível inferir que a transição alimentar rural está ocorrendo, todavia não ocorreu por completo nas comunidades pesquisadas.

O desafio para as comunidades se constitui em desenvolver estratégias de produção dos seus próprios alimentos, resgatando os seus saberes empíricos, conciliando-os com tecnologias adequadas para produção em períodos de estiagem. Para que isso ocorra, são necessários o apoio e o incentivo por parte do poder público, no sentido de oferecer os mecanismos necessários para que as famílias possam produzir os seus próprios alimentos de forma adequada e que possa apenas depender dos recursos naturais locais.

Agradecimentos

Este capítulo faz parte de uma pesquisa maior inserida dentro do projeto "Mapeamento isotópico da dieta no Brasil dos núcleos mais isolados aos grandes centros urbanos", financiado pela Fundação de Amparo à Pesquisa do Estado de São Paulo (FAPESP), edital nº 2011/50345-9, desenvolvido pela Universidade de São Paulo (USP), com a colaboração da Universidade do Estado do Rio Grande do Norte (UERN), entre outras instituições de ensino superior do Brasil.

REFERÊNCIAS

ACCIOLY, Elizabeth. A escola como promotora da alimentação saudável. **Rev. Ciência em Tela**, v. 2, n. 2, 2009. Disponível em: http://www.cienciaemtela. nutes.ufrj.br/artigos. Acesso em: 18 jun. 2014.

ACHTERBERG, G.; McDONNELL, E.; BAGBY, R. How to put the food guide into pratice. **Journal of American Dietetic Association**, Chicago, v. 94, n. 9, p. 1030-1035, 1994.

ALBIERO, D.; CAJADO, D. M.; FERNANDES, I. L. C.; ALMEIDA, M. L.; GALGANI, S. L. E. G. **Tecnologias agroecológicas para o Semiárido**. Fortaleza: Edição do Autor, 2015. 218 p.

ARAÚJO, M. P. M.; DRAGO, R. Projeto horta: a mediação escolar promovendo hábitos alimentares saudáveis. **Revista FACEVV**, Vila Velha, n. 6, jan./jun. 2011, p. 35-42.

AVELINO, A. B. N.; TOSCANO, G. S.; DUTRA, M. C. F. S. G. et al. Os alimentos geneticamente modificados no contexto da globalização e da sociedade de risco. **Braz. J. of Develop.**, Curitiba, v. 6, n. 2, p. 7423-7443, fev. 2020.

AVILA, Mario Lucio; CALDAS, Eduardo Lima; AVILA, Silvia Regina. Coordenação e efeitos Sinérgicos em políticas públicas no Brasil: o caso do Programa de Aquisição de Alimentos e do Programa Nacional de Alimentação Escolar. In: Brasil. Ministério do Desenvolvimento Social e Combate Contra à Fome. **PAA: 10 Anos de Aquisição de Alimentos**. Brasília, DF: MDS; Secretaria Nacional de Segurança Alimentar e Nutricional; Secretaria de Avaliação e Gestão de Informação, 2013.

BARROS, S. F.; SILVA, M. R. F.; DUTRA, M. C. F. S. G. Identificação dos diferentes usos dos quintais produtivos em comunidades rurais de Mossoró (RN). In: DIAS, N. S.; LIMA, A. O.; LIMA, H. F. et al. (Org.). **Agricultura familiar e**

convivência com o semiárido. São Paulo: Ed. Livraria da Física, 2019. (Coleção Futuro Sustentável).

BATISTA FILHO, M.; RISSIN, A. A transição nutricional no Brasil: tendências regionais e temporais. **Cad. Saúde Pública**, v. 19, n. 1, p. 181-191. 2003. Disponível em: http://www.scielo.br/pdf/csp/v19s1/a19v19s1. Acesso em: 22 abr. 2015.

BATISTA FILHO, M.; ROMANI, S. A. M. (org.) **Alimentação, Nutrição e Saúde no Estado de Pernambuco**. Recife: Editora Lyceu, 2003. (Série de Publicações Científicas do Instituto Materno-Infantil de Pernambuco 7).

BATISTA, I. Cultivo da cebolinha. **Informática e Agricultura** 2012.

BEZERRA, A. V.; SILVA, M. R. F. Percepção dos consumidores sobre alimentos transgênicos, em Mossoró (RN). In: MEDEIROS JÚNIOR, A. V.; COSTA, G. C.; ALBUQUERQUE NETO, L. C. (Org.) **CONGEST** - Congresso de Economia & Gestão: Gestão e Desenvolvimento Sustentável; 6. Mossoró: ADUERN, 2019.

BEZERRA, Ana Maria Coelho; DUARTE, Maria do Socorro Bezerra; BEZERRA, Mariana Coelho; VIEIRA, Tiago de Tarso; SILVA FILHO, Antônio Manoel; ALMEIDA, Maisy Moreira. **Implantação de horta escolar em promoção da Segurança Alimentar e Nutricional no município de Lagoa Seca, PB**. 2013. Disponível em: http://www.aba-agroecologia.org.br/revistas/index.php/cad/article/viewFile/14485/9855. Acesso em: 29 jun. 2015.

BRANCO, S. **Meio Ambiente** – Educação Ambiental na Educação Infantil e no Ensino Fundamental – oficinas aprender fazendo. São Paulo: Cortez, 2007.

BRASIL. Edu.org.br. **Escola Municipal Maria da Salete Martins**. Disponível em: https://www.escol.as/76146-escola-municipal-maria-da-salete-martins. Acesso em: 22 ago. 2021.

BRASIL. **Lei nº 11.346 de setembro de 2006**. Cria o Sistema Nacional de Segurança Alimentar e Nutricional – SISAN com vistas em assegurar o direito humano à alimentação adequada e dá outras providências. Disponível em: http://www.planalto.gov.br/ccivil_03/_ato2004-2006/2006/lei/l11346.htm. Acesso em: 11 jul. 2014.

BRASIL. **Lei nº 11.947**, de 16 de junho de 2009. Dispõe sobre o atendimento da alimentação escolar e do Programa Dinheiro Direto na Escola aos alunos da Educação Básica. Disponível em: http://www.planalto.gov.br/ccivil_03/_ato2007-2010/2009/lei/l11947.htm. Acesso em: 14 de jun. 2014.

BRASIL. Lei n. 11.947, de 16 de junho de 2009. Dispõe sobre o atendimento da alimentação escolar. **Diário Oficial da República Federativa do Brasil**, Brasília, DF, 17 jun. 2009. Disponível em: http://www.planalto.gov.br/ccivil_03/_ato2007-2010/2009/lei/l11947.htm. Acesso em: 7 set. 2021.

BRASIL. Ministério da Educação. **Cultivo de horta pelos alunos ajuda a enriquecer o cardápio**. Disponível em: http://portal.mec.gov.br/component/tags/tag/33428. Acesso em: 21 ago. 2021.

BRASIL. Ministério da Educação. **Programa Nacional de Alimentação Escolar: aquisição de produtos da agricultura familiar para a alimentação escolar**. 2014. Disponível em: file:///C:/Documents%20and%20Settings/UERN/Meus%20documentos/Downloads/manual_agricultura_familiar%20(1).pdf. Acesso em: 16 jun. 2014.

BRASIL. Ministério da Educação; Ministério do Desenvolvimento Agrário. **Encontro da agricultura Familiar com a alimentação escola.** 2014. Disponível em: <http://portal.mda.gov.br/portal/saf/arquivos/view/alimenta-o-escolar/publica-es/Cartilha_Alimenta%C3%A7%C3%A3o_escolar.pdf>. Acesso em: 16 jun. 2014.

BRASIL. Ministério da Saúde. **Manual das cantinas escolares saudáveis promovendo a alimentação saudável**. Brasília, DF, 2010. Disponível em: http://189.28.128.100/nutricao/docs/geral/manual_cantinas.pdf. Acesso em: 16 jun. 2014.

BRASIL. Ministério da Saúde. **Obesidade estabiliza no Brasil, mas excesso de peso aumenta**. 2015. Disponível em: http://portalsaude.saude.gov.br/index.php/cidadao/principal/agencia-saude/17445-obesidade-estabiliza-no-brasil-mas-excesso-de-peso-aumenta. Acesso em: 07 out. 2016.

BRASIL. Ministério do Desenvolvimento Social e Combate à Fome. **Avaliação de impacto do Programa Bolsa Família**: sumário executivo. Brasília: MDS: Cedeplar, 2007.

BRASIL. Secretaria de Educação Fundamental. **Parâmetros Curriculares Nacionais**. Introdução. Brasília: MEC/SEF, 1997.

BRASIL. **Parâmetros Curriculares Nacionais**: apresentação dos temas transversais. Ministério da Educação. Secretaria de Ensino Fundamental. Brasília: MEC/SEF, 1998.

BRASIL. **Plano Nacional de Segurança Alimentar e Nutricional (PLANSAN 2016-2019)**. Brasília: CAISAN, 2016.

BRASIL. **Por uma cultura de Direitos Humanos**: direito à alimentação adequada. Brasília: SDH/PR, 2013.

BRASIL. **Portal Fundo Nacional de Desenvolvimento da Educação**. Disponível em: http://www.fnde.gov.br/programas/alimentacao-escolar/alimentacao-escolar-apresentacao. Acesso em: 11 nov. 2015.

BRASIL. **Programa de Aquisição de Alimentos (PAA)**. 2003. Disponível em: https://www.gov.br/mds/pt-br/acoes-e-programas/inclusao-produtiva-rural/. Acesso em: 08 abr. 2024.

BRASIL. SISTEMA NACIONAL DE UNIDADES DE CONSERVAÇÃO DA NATUREZA: **Lei nº 9.985 de 18 de julho de 2000**. Regulamenta o art. 225, § 1º, incisos I, II, III e VII da Constituição Federal, institui o Sistema Nacional de Unidades de Conservação da Natureza e dá outras providências. Brasília. MMA/SBF, 2000.

BRITO, J. A. G. **Agricultura familiar e sustentável**: um estudo de caso da associação Vanguarda, do município de Cabo de Santo Agostinho (PE), 2011. 82 f.

BUCHARDT, B.; BUNCH, V.; HELIN, P. Fingernails and diet: stable isotope signatures of a marine hunting community from modern Uummannaq, North Greenland. **Chemical Geology**, v. 244, 2007.

CAPRA, F. et al. **Alfabetização ecológica**: a educação das crianças para um mundo sustentável. São Paulo: Pensamento/Cultrix, 2005.

CARTOCCI, C. M.; NEUBERGER, S. B. **Produção e industrialização de alimentos**. Brasília: Universidade de Brasília, 2008.

CARVALHO, P. G. B.; MACHADO, C. M. M.; MORETTI, C. L.; FONSECA, M. E. N. Hortaliças como alimentos funcionais. **Horticultura brasileira**, Campinas, v. 24, n. 4, p. 397-404, 2006.

REFERÊNCIAS

CASTRO A. P. R.; GONÇALVES, A. F.; CAETANO, F. H. P.; SOUZA, L. J. E. X. Brincando e aprendendo saúde. **Contexto em Enfermagem**. v. 7, n. 3, p. 85-95, 1998.

CASTRO, I. R. R.; CASTRO, L. M. C.; GUGELMIM, S. A. Ações Educativas, programas e políticas envolvidos nas Mudanças Alimentares. In: CAVALLI, S. B. Segurança alimentar: a abordagem dos alimentos transgênicos. **Rev. Nutr.**, Campinas, 2012. Disponível em: http://www.scielo.br/pdf/rn/v14s0/8762.pdf. Acesso em: 3 mai. 2012.

CMA. CÚPULA MUNDIAL DA ALIMENTAÇÃO. **Declaração de Roma sobre a Segurança Alimentar Mundial**. Roma, 1996. Disponível em: http://mail.nepp-dh.ufrj.br/fao2.html. Acesso em: 2 abr. 2024.

CNM. CONFEDERAÇÃO NACIONAL DOS MUNICÍPIOS. **Entenda os ODS**: erradicação da fome é o 2º objetivo. 2017. Disponível em: https://www.cnm.org.br/comunicacao/noticias/entenda-os-ods-erradicacao-da-fome-e-o--2-objetivo. Acesso em: 23 ago. 2021.

CONSEA. Conselho Nacional de Segurança Alimentar e Nutricional. BOCCHI, Carmem Priscila, LEÃO, Marília Mendonça, OLIVEIRA Michele Lessa de (Org.). **A Segurança Alimentar e Nutricional e o Direito Humano à Alimentação adequada no Brasil**: indicadores e monitoramento da Constituição de 1988 aos dias atuais. CONSEA: Brasília, 2010.

COSTA, Ester de Queirós; RIBEIRO, Victoria Maria Brant; RIBEIRO, Eliana Claudia de Otero. Programa de Alimentação Escolar: espaço de aprendizagem e produção de conhecimento. **Rev. Nutr.**, Campinas, 2001. Disponível em: http://www.scielo.br/pdf/rn/v14n3/7789.pdf. Acesso em: 10 out. 2014.

CRIBB, S. L. S. P. A horta escolar como elemento dinamizador da educação ambiental e de hábitos alimentares saudáveis. In: VI ENCONTRO NACIONAL DE PESQUISA EM EDUCAÇÃO EM CIÊNCIAS, **Anais...**, 2007. Florianópolis, 2007.

CZARNOBAY, C. C.; DEBORTOLI, S. A. Avaliação da Educação Nutricional para pré-escolares em um Centro de Educação Infantil Municipal na cidade de Joinville-SC. In: XXI CONGRESSO BRASILEIRO DE NUTRIÇÃO e I IBERO-AMERICANO DE NUTRIÇÃO, Anais... **Revista Oficial da Associação Brasileira de Nutrição**, maio 2010. Disponível em: http://www.conbran.com.br/downloads/RASBRANEDICAO4.pdf. Acesso em: 16 jun. 2014.

DAVANÇO, G. M.; TADDEI, J. A. A. C.; GAGLIANONE, C. P. Conhecimentos, atitudes e práticas de professores de ciclo básico, expostos e não expostos a curso de Educação Nutricional. **Revista de Nutrição**, Campinas, v. 17, n. 2, p. 177-184, abr./jun., 2004.

DIAS, N. S.; LIMA, A. O.; LIMA, H. F. et al. (Org.). **Agricultura familiar e convivência com o semiárido**. São Paulo: Ed. Livraria da Física, 2019. (Coleção Futuro Sustentável).

ESTADO DO RIO GRANDE DO NORTE. **Lei nº 8.349 de 17 de julho de 2003**. Cria a Reserva de Desenvolvimento Sustentável Estadual Ponta do Tubarão, na região de Diogo Lopes e Barreiras nos municípios de Macau e Guamaré no RN e dá outras providências.

FAO. FOOD AND AGRICULTURE ORGANIZATION, WORLD HEALTH ORGANIZATION (WHO). **Food safety risk analysis**. A guide for national food safety authorities. Rome: FAO; 2006.

FAO. FOOD AND AGRICULTURE ORGANIZATION, WORLD HEALTH ORGANIZATION (WHO). **Agriculture and Economic Development Analysis Division**. The state of food and agriculture 2014. Disponível em: https://www.fao.org/documents/card/en?details=839a2f5e-5c1e-48b7-8370-9681c4f62906. Acesso em: 09 abr. 2024.

FERNANDES, M. C. A. **Orientações para implantação e implementação da horta escolar**. Brasília: FAO/FNDE/MEC, 2017. (Caderno, 2).

FIGUEIRA, F. A. R. **Novo manual e olericultura**: agrotecnologia moderna na produção e comercialização de hortaliças. Viçosa: UFV, 2012, 402p.

FRASER, I.; MEIER-AUGENSTEIN, W.; KALIN, R. M. **The role of stable isotopes in human identification**: a longitudinal study into the variability of isotopic signals in human hair and nails. Rapid Commun Mass Spectrom v. 20, 2006.

FREIRE, P. **A importância do ato de ler**: em três artigos que se completam. São Paulo: Cortez, 1982.

FUNDAÇÃO KONRAD, A DENAUER. **Caderno de Agroecologia Garantindo a Segurança Alimentar**. Projeto Agricultura Familiar Agroecologia e mercado, n. 3, Fortaleza (CE), 2009. Disponível em: http://www.kas.de/wf/doc/kas_21846-1522-5-30.pdf?110207172435. Acesso em: 17 jul. 2014.

REFERÊNCIAS

• 219

GALINDO, E.; TEIXEIRA, M. A.; ARAÚJO, M. et al. Efeitos da pandemia na alimentação e na situação da segurança alimentar no Brasil. Working paper; 4. **Food For Justice**: power, politics, and food inequalities in a bioeconomy, 2021. Disponível em: https://www.lai.fu-berlin.de/en/forschung/food-for-justice/publications/Publikationsliste_Working-Paper-Series/Working-Paper-4/index.html. Acesso em: 27 ago. 2021.

GARCIA, R. W. D. Mudanças Alimentares: implicações práticas, teóricas e metodológicas. In: GARCIA, R. W. D.; MANCUSO, A. M. C. (Coord.). **Mudanças Alimentares e Educação Nutricional**. Rio de Janeiro: Guanabara Koogan, 2011.

GARCIA, R. W. D. Reflexos da globalização na cultura alimentar: considerações sobre as mudanças na alimentação urbana. **Rev. Nutr.**, Campinas, v. 16, n. 4, 2003.

GUANZIROLI, Carlos Enrique. **Agricultura familiar e reforma agrária no século XXI**. Rio de Janeiro: Garamond, 2001. 284p.

HIRAI, W. G.; ANJOS, F. S. Estado e segurança alimentar: alcances e limitações de políticas públicas no Brasil. **Textos & Contextos**, Porto Alegre, 6(2), 2007. p. 335-353. Disponível em: https://revistaseletronicas.pucrs.br/ojs/index.php/fass/article/view/2322. Acesso em: 16 jun. 2015.

IBGE. INSTITUTO BRASILEIRO DE GEOGRAFIA E ESTATÍSTICA. 2022. **Mossoró código**: **2408003**. Disponível em: https://www.ibge.gov.br/cidades-e-estados/rn/mossoro.html. Acesso em: 27 jan. 2024.

IBGE. INSTITUTO BRASILEIRO DE GEOGRAFIA E ESTATÍSTICA. Mossoró (base cartográfica 2010). Disponível em: https://cidades.ibge.gov.br/brasil/rn/mossoro/panorama. Acesso em: 22 ago. 2021.

IBGE. INSTITUTO BRASILEIRO DE GEOGRAFIA E ESTATÍSTICA. **Mossoró**. Disponível em: https://cidades.ibge.gov.br/brasil/rn/mossoro/panorama. Acesso em: 8 set. 2021.

IBGE. INSTITUTO BRASILEIRO DE GEOGRAFIA E ESTATÍSTICA. **Pesquisa de orçamentos familiares 2008-2009**: análise do consumo alimentar pessoal no Brasil. Rio de Janeiro, 2011. Disponível em: http://www.ibge.gov.br/home/estatistica/populacao/. Acesso em: 22 abr. 2015.

IDEMA. Instituto de Desenvolvimento Sustentável e Meio Ambiente do Rio Grande do Norte. **Perfil do seu município**: Mossoró. vol. 10, p. 1-22, 2008.

IDEMA. Instituto de Desenvolvimento Sustentável e Meio Ambiente do Rio Grande do Norte. **Perfil do seu município**. Natal, 2008. Disponível em: http://adcon.rn.gov.br/ACERVO/idema/. Acesso em: 28 ago. 2021.

JORNAL DA USP. **Fome no mundo compromete objetivos da ONU para 2030**. 2023. Disponível em: https://jornal.usp.br/radio-usp/fome-no-mundo--compromete-objetivos-da-onu-para-2030. Acesso: 09 abr. 2024.

LAMBERT, Jean Louis et al. As principais evoluções dos comportamentos alimentares: o caso da França. **Rev. Nutr.** Campinas, v. 18, n. 5, 2005.

LEÃO, M. (Org.), **O direito humano à alimentação adequada e o Sistema Nacional de Segurança Alimentar e Nutricional**. Brasília: ABRANDH, 2013. 263 p.

LEONARDO, M. Antropologia da Alimentação. **Antropos**, v. 3, n. 2, 2009. Disponível em: http://revista.antropos.com.br. Acesso em: 18 out. 2012.

LIMA, G. F. C. Educação, emancipação e sustentabilidade: em defesa de uma pedagogia libertadora para a educação ambiental. In: LAYRARGUES, P. P. (coord.). **Identidades da educação ambiental brasileira**. Brasília: MMA, Diretoria de Educação Ambiental, 2004. p. 85-112.

LIMA, J. S. S. Desempenho agroeconômico de coentro em função de espaçamentos e em dois cultivos. **Revista Ciência Agronômica**, v. 38, n. 4, p. 407-413, 2007.

LIRA, J. F. B.; MAIA, C. E.; LIRA, R. B. Perfil socioeconômico e ambiental em quatro assentamentos de Reforma Agrária na região de Mossoró-RN. **Revista Verde de Desenvolvimento Sustentável,** Mossoró, v. 1, n. 2, p. 66-80, dez. 2006.

LORENTZ, L. H.; LÚCIO, A. D.; HELDWEIN, A. B.; SOUZA, M. F.; MELLO, R. M. Estimativa da amostragem para pimentão em estufa plástica. **Horticultura Brasileira**, v. 20, n. 2, 2002. Suplemento 2. CD Rom.

LUDKE, M.; ANDRÉ, M. **Pesquisa em Educação**: abordagens qualitativas. São Paulo: Ed. Pedagógica e Universitária, 1986.

LUDWIG, A. C. W. **Fundamentos e prática de metodologia científica**. Petrópolis: Vozes, 2009.

REFERÊNCIAS

LUPION, B. **Fome no Brasil cresce e supera taxa de quando Bolsa Família foi criado**, 2021. Disponível em: https://www.dw.com/pt-br/fome-no-brasil-cresce--e-supera-taxa-de-quando-bolsa-fam%C3%ADlia-foi-criado/a-57187014. Acesso em: 30 ago. 2021.

MACHADO, A. T.; MACHADO, C. T. T. **Agricultura Urbana**. Documentos. Planaltina, DF: Embrapa Cerrados, 2002. 25p.

MADEIROS, H. M.; SOUZA, S. C. **Estudo dos potenciais naturais da Reserva de Desenvolvimento Sustentável Estadual Ponta do Tubarão/RN para o Ecoturismo Educativo Comunitário**. Disponível em: file:///C:/Users/PC%20 02/Downloads/3084-13336-1-PB.pdf. Acesso em: 26 maio 2015.

MARQUES, B. F. **Direito agrário brasileiro**. 9. ed. rev. e ampl. São Paulo: Atlas, 2011.

MARTINELLI, L. A. et al. Worldwide stable carbon and nitrogen isotopes of Big Mac® patties: an example of a truly "global" food. **Food Chem.**, v.127, 2011a.

MARTINELLI, L. A. **Mapeamento isotópico da dieta no Brasil dos núcleos mais isolados aos grandes centros urbanos**. Projeto do Centro de Energia Nuclear na Agricultura da Universidade de São Paulo, 2011b.

MINANI, K. **O tomateiro**. 2. ed. Campinas: Fundação Cargill, 1989. 397p.

MORGADO, F. S. **A horta escolar na educação ambiental e alimentar**: experiências do projeto horta viva nas escolas municipais de Florianópolis. Centro de Ciências Agrárias. Universidade Federal de Santa Catarina, Florianópolis, 2006.

MORGADO, F. S.; SANTOS, M. A. A. A horta escolar na educação ambiental e alimentar: Experiência do projeto horta viva nas escolas municipais de Florianópolis. **Revista Eletrônica de Extensão – Extensio**, Florianópolis, n. 6, p. 1-10, 2008. Disponível em: https:// https://periodicos.ufsc.br/index.php/extensio/article/view/9531/8950. Acesso em: 06 set. 2021.

MUTUÍPE, Prefeitura Municipal de. **Manual de Capacitação para preparadores da Alimentação do Escolar**. Setembro de 2005. Disponível em: http:// www.twiki.ufba.br/twiki/pub/Nutricao/Anexo/manual_para_forma%E7%E3o_ de_preparadores_da_alimenta%E7%E3o_do_escolar_em_alimenta%E7%E3o_ saud%E1vel.pdf. Acesso em: 5 jun. 2021.

NARDOTO, G. B. et al. Frozen Chicken for Wild Fish: Nutritional Transition in the Brazilian Amazon Region Determined by Carbon and Nitrogen Stable Isotope Ratios in Fingernails. **American Journal of Human Biology**, v. 23, 2011.

NARDOTO, G. B. et al. Geographical Patterns of Human Diet Derived from Stable-Isotope Analysis of Fingernails. **American Journal of Physical Anthropology,** v.131, 2006a.

NARDOTO, G. B. et al. Stable carbon and nitrogen isotopic fractionation between diet and swine tissues. **Scientia Agricola**, v. 63, n. 6, 2006b.

NARDOTO, G. B.; SILVA, R. J.; SCHOR, T. et al. Mapping carbon and nitrogen isotopic composition of fingernails to demonstrate a rural-urban nutrition transition in the Center-West, Northeast, and Amazon regions of Brazil. **American Journal of Physical Anthropology**, v. 172, p. 1-14, 2020. Disponível em: https://onlinelibrary.wiley.com/doi/abs/10.1002/ajpa.24078. Acesso em: 29 jan. 2021.

NÓBREGA, A. E. O.; MUSSE, N. S. O. Desenvolvimento sustentável no litoral semiárido potiguar: o processo de consolidação da reserva de desenvolvimento sustentável estadual Ponta do Tubarão em Macau/RN e Guamaré/RN. **Geosaberes**, Fortaleza, v. 10, n. 22, p. 161-176, set./dez. 2019.

NUNES, Emília; BREDA, João. **Manual para uma alimentação saudável em Jardins de infância**. Disponível em: http://www2.itau.pt/Docs/36.pdf. Acesso em: 14 jun. 2014.

OLIVEIRA, Maria Marly. **Como fazer pesquisa qualitativa**. 7. ed. Petrópolis: Vozes, 2016.

ONU. **Objetivos do Desenvolvimento Sustentável**. Objetivo 4 Educação de qualidade (2015). Disponível em: http://www.agenda2030.org.br/ods/2/. Acesso em: 6 ago. 2021.

ONU. Organização das Nações Unidas. **Objetivos do Desenvolvimento Sustentável**. Objetivo 2 Fome Zero (2015). Disponível em: http://www.agenda2030. org.br/ods/2/. Acesso em: 24 ago. 2021.

OPS. ORGANIZAÇÃO PANAMERICANA DE SAÚDE. **Educación para la salud**: un enfoque integral. Washington: OPS, 1995. (Série HSS/SILOS, n. 37).

ORGANIZAÇÃO DAS NAÇÕES UNIDAS PARA A ALIMENTAÇÃO E A AGRICULTURA - FAO. **Atuação da FAO na alimentação escolar**. II Encontro

REFERÊNCIAS

Nacional de Experiências Inovadoras em Alimentação Escolar 50 ANOS. Disponível em: file:///C:/Users/cabe%C3%A7ao/Downloads/atuacao_fao_alimentacao_escolar_112005.pdf. Acesso em: 18 jun. 2014.

ORGANIZAÇÃO DAS NAÇÕES UNIDAS. **Declaração Universal dos Direitos Humanos**. Brasília: Ministério das Relações Exteriores, Ministério da Justiça, 1948. Disponível em: http://portal.mj.gov.br/sedh/ct/legis_intern/ddh_bib_inter_universal.htm. Acesso em: 2 abr. 2018.

PELICIONI, C. **A escola promotora de saúde**. São Paulo: Faculdade de Saúde Pública da Universidade de São Paulo, 1999. p. 12.

PITANGA, A. F. Pesquisa qualitativa ou pesquisa quantitativa: refletindo sobre as decisões na seleção de determinada abordagem. **Revista Pesquisa Qualitativa**. São Paulo (SP), v. 8, n. 17, p. 184-201, ago. 2020. Disponível em: https://editora.sepq.org.br/rpq/article/view/299. Acesso em: 16 fev. 2021.

POLLAN, M. **Em defesa da comida**: um manifesto. Tradução Adalgisa Campos da Silva. Rio de Janeiro: Intrínseca, 2008.

POMBO, O. Interdisciplinaridade e integração dos saberes. **Liinc em Revista**, v. 1, n. 1, março 2005, p. 3-15.

POULAIN, J. P.; PROENÇA, R. P. C. Reflexões metodológicas para o estudo das práticas alimentares. **Rev. Nutr.**, Campinas, v. 16, n. 4, out./dez., 2003.

PREFEITURA MUNICIPAL DE BELO HORIZONTE. **Guia do Educador**: promovendo a educação alimentar e nutricional nas escolas. 2013. Disponível em: file:///C:/Users/cabe%C3%A7ao/Downloads/GUIA_DO_EDUCADOR_2013.pdf. Acesso em: 18 jan. 2024.

REDE CIDADÃO NO BARCO SOLIDÁRIO. **História da RDS Estadual Ponta do Tubarão**. Disponível em: https://sites.google.com/site/redecidadanobarcosolidario/historia-da-rds-estadual-ponta-do-tubarao. Acesso em: 16 jun. 2015.

REIGOTA, M. **O que é Educação Ambiental**. São Paulo: Brasiliense, 2006 (Coleção primeiros passos).

REINALDO, E. D. F. **Identificação do Padrão Alimentar em Comunidades Rurais no Estado do Rio Grande do Norte-Brasil**. Dissertação. (Mestrado em Ciências Naturais). Faculdade de Ciências Naturais, Universidade do Estado do Rio Grande do Norte, Mossoró, 2014.

REINALDO, E. D. F.; SILVA, M. R. F.; NARDOTO, G. B. et al. Mudanças de hábitos alimentares em comunidades rurais do Semiárido da região Nordeste do Brasil. **Interciência**, Caracas, v. 40, p. 330-336, 2015. Disponível em: https://www.redalyc.org/pdf/339/33937066007.pdf. Acesso em: 15 fev. 2021.

ROCHA, A. G. S.; AMORIM, A. L. P. S.; SANTOS, A. T.; SANTOS, E. M.; CAVALCANTI, G. M. D. A importância da horta escolar para o ensino/aprendizagem de uma alimentação saudável. In: XIII JORNADA DE ENSINO, PESQUISA E EXTENSÃO – JEPEX 2013, **Anais...**, UFRPE: Recife, 9 a 13 de dezembro. Disponível em: http://www.eventosufrpe.com.br/2013/cd/resumos/R0272-2.pdf. Acesso em: 05 set. 2021.

ROCHA, F. R. F. **Quintais produtivos e horta escolar**: conservação ambiental, segurança alimentar e educação para saúde em Mossoró (RN). 101f. Dissertação (Mestrado em Ciências Naturais). Universidade do Estado do Rio Grande do Norte, Mossoró, 2017.

SANTOS, A. P. S.; XAVIER, G. Q.; SILVA, E. I. Hortas escolares: uma contribuição em prol da soberania alimentar, **Cadernos de Agroecologia**, Anais do XI Congresso Brasileiro de Agroecologia, São Cristóvão, Sergipe, v. 15, n. 2, 2020. Disponível em: http://cadernos.aba-agroecologia.org.br/index.php/cadernos/article/view/3626/3177. Acesso em: 28 ago. 2021.

SCHNEIDER, S. **A pluriatividade na agricultura familiar** [online]. 2. ed. Porto Alegre: Editora da UFRGS, 2003. Estudos Rurais séries, 252 p. Disponível em: https://static.scielo.org/scielobooks/b7spy/pdf/schneider-9788538603894.pdf. Acesso: 09 abr. 2024.

SILVA, H. P.; JAMES, G. D.; CREWS, D. E. Blood Pressure, Seasonal Body Fat, Heart Rate, and Ecological Differences in Caboclo Populations of the Brazilian Amazon. **Am. J. Hum. Biol.**, v. 18, 2006.

SILVA, M. R. F. O uso dos quintais domésticos por populações humanas. **Cadernos de Agroecologia**, v. 6, n. 2, 2011.

SILVA, M. R. F. **Práticas educativas e formação de multiplicadores, com vista ao fortalecimento da segurança alimentar e nutricional**. Projeto de Pesquisa Edital CNPq/MDS-SESAN Nº 027/2012, Mossoró, 2013.

SILVA, M. R. F.; DUTRA, M. C. F. S. G.; DUTRA, M. R. G.; MARROCOS, R. C. Educação para saúde e segurança alimentar em comunidades rurais assentadas do município de Mossoró (RN) – Brasil. In: CONGRESSO DE ESTUDOS

RURAIS, 2015, Lisboa. **Anais...,** Lisboa: Instituto de Ciências Sociais, 2015. p. 1-14.

SILVA, M. R. F.; GARAVELLO, M. E. P. E.; SILVA, L. H. et al. Mudanças no padrão alimentar na sociedade contemporânea: políticas públicas e agricultura familiar. In: SILVA, M. R. F.; NUNES, E. M.; DIAS, N. S. (Org.). **Desenvolvimento territorial, políticas públicas e meio ambiente no campo e na cidade**. São Paulo: Ed. Livraria da Física, 2019. (Coleção Futuro Sustentável).

SILVA, M. R. F.; SILVA, C. A. F.; DUTRA, M. C. F. S. G.; SOARES, M. Y. T. Hortas escolares e interdisciplinaridade nos Anos Iniciais do Ensino Fundamental. **Revista de Matemática, Ensino e Cultura – REMATEC**. Belém/PA, n. 45, e2023010, 2023.

SILVA, M. R. F.; SILVA, C. A. F. (Org.). **Quintais agroecológicos**: tradição, cultivo, conhecimento. São Paulo: Ed. Livraria da Física, 2022. (Coleção Futuro Sustentável).

SILVA, H. T. L. B. **Multifuncionalidade no Assentamento Boa Fé (Mossoró – RN)**: a paisagem em tempos de seca. 69f. Dissertação. (Mestrado em Geografia). Programa de Pós-Graduação em Geografia, Universidade do Estado do Rio Grande do Norte, Mossoró, 2018.

SILVEIRA FILHO, José. **A sustentabilidade socioambiental das hortas orgânicas escolares da Prefeitura Municipal de Fortaleza**. CONGRESSO LATINO-AMERICANO DE SUSTENTABILIDADE SOCIOAMBIENTAL: Espaços Rurais e Contemporaneidade. Disponível em: http://www.apeoc.org.br/extra/artigos_cientificos/ICOLASERArtigo2a.pdf. Acesso em: 16 out. 2015.

SIMPSON, K. L. Relative value of carotenoids as precursors of vitamin A. **Proc. Nutr. Soc.**, Cambridge, v. 42, p. 7-17, 2013.

SIQUEIRA, F. M. B. et al. Horta escolar como ferramenta de educação ambiental em uma escola estadual no município de Várzea Grande – MT. In: VII CONGRESSO BRASILEIRO DE GESTÃO AMBIENTAL. 2006, **Anais...,** Campina Grande/PB, 2016. Disponível em: https://www.ibeas.org.br/congresso/Trabalhos2016/VII-062.pdf. Acesso em: 06 set. 2021.

SOARES, Panmela; MARTINELLI, Suellen Secchi; MELGAREJO, Leonardo; CAVALLI, Suzi Barletto. Fornecimento de alimentos da agricultura familiar para a alimentação escolar: o exemplo do Programa de Aquisição de Alimentos. **Rev. Segurança Alimentar e Nutricional**. Campinas, p. 41-51, 2013.

SOUZA, D. S. M. et al. **Horta Escolar e Segurança Alimentar em Comunidade Rural Assentada, Mossoró/RN – Brasil**. Mossoró. 12f., 2015.

STEDEFELDT, E.; CUNHA, D. T.; MARTINS, P. A.; BOTELHO, R. B. A. Avaliação da Aceitabilidade por Escolares de Preparações Típicas da Região Sudeste. In: XXI CONGRESSO BRASILEIRO DE NUTRIÇÃO e I IBERO-AMERICANO DE NUTRIÇÃO. **Anais...**, maio 2010. Disponível em: http://www.conbran.com.br/downloads/RASBRANEDICAO4.pdf>. Acesso em: 16 jun. 2014.

TAKAGI, Maya; SANCHES, Adoniram; SILVA, José Graziano da. Programa de Aquisição de Alimentos: um embaixador do Brasil contra a fome. In: Brasil. Ministério do Desenvolvimento Social e Combate à fome. **PAA: 10 anos de Aquisição de Alimentos**. Brasília, DF: MDS; Secretaria Nacional de Segurança Alimentar e Nutricional; Secretaria de Avaliação e Gestão de Informação, 2013.

TOLEDO, R. F.; JACOBI, P. R. Pesquisa ação e educação: compartilhando princípios na construção de conhecimentos e no fortalecimento comunitário para o enfrentamento de problemas. **Educação e Sociedade**, Campinas, v. 34, n. 122, p. 155-173, mar. 2013. Disponível em: http://www.cedes.unicamp.br. Acesso em: 20 out. 2015.

TRICHES, R. M.; SCHNEIDER, S. Alimentação Escolar e Agricultura Familiar: reconectando o consumo à produção. **Rev. Saúde Soc.** São Paulo, v. 19, n. 4, p. 933-945, 2010.

VALENTE, F. L. S. **Direito humano à alimentação**: desafios e conquistas. São Paulo: Cortez, 2002.

VIEIRA, V. C. R. et al. Perfil socioeconômico, nutricional e de saúde de adolescentes recém-ingressos em uma universidade pública brasileira. **Rev. Nutr.**, v. 15, n. 3, p. 273-282, 2002.

WANDERLEY, Maria de Nazareth Baudel. **Diversificação dos espaços rurais e dinâmicas territoriais no Nordeste do Brasil**. João Pessoa, 2009, p. 215-225.

WEID, J. M. von der. Agricultura familiar: sustentando o insustentável? **Agriculturas**. Rio de Janeiro, v. 7, n. 2, p. 4-7, jul. 2010.

WILLHELM, F. F.; OLIVEIRA, A. B. A.; RUIZ, E.; VENZKE, J. G. Qualidade Nutricional e Adequação a Legislação vigente das Cantinas Escolares da Rede Pública Estadual de Porto Alegre. In: XXI CONGRESSO BRASILEIRO

REFERÊNCIAS

DE NUTRIÇÃO e I IBERO-AMERICANO DE NUTRIÇÃO. **Anais...**, ano 3, n. 4, maio 2010. Disponível em: http://www.conbran.com.br/downloads/RAS-BRANEDICAO4.pdf. Acesso em: 16 jun. 2021.

OS AUTORES

ALEXANDRE DE OLIVEIRA LIMA

Professor do Departamento de Gestão Ambiental da Universidade do Estado do Rio Grande do Norte. Mestre em Engenharia Sanitária pela Universidade Federal do Rio Grande do Norte (UFRN). Doutor em Geodinâmica e Geofísica pela UFRN. Secretário do Desenvolvimento Rural e Agricultura Familiar do Estado do Rio Grande do Norte.
E-mail: alexandrelimarn@gmail.com

ANTÔNIA KALIANY DA SILVA

Graduada em Gestão Ambiental pela Universidade do Estado do Rio Grande do Norte. Técnica em Agroecologia pelo Instituto Federal de Educação, Ciência e Tecnologia do Rio Grande do Norte.
E-mail: kalliany21silvah@gmail.com

CARLOS ALDEMIR FARIAS DA SILVA

Professor da Universidade Federal do Pará, onde atua na Licenciatura Integrada e no Programa de Pós-Graduação em Educação em Ciências e Matemáticas. Mestre em Educação pela Universidade Federal do Rio Grande do Norte. Doutor em Ciências Sociais (Antropologia) pela Pontifícia Universidade Católica de São Paulo.
E-mail: carlosfarias1@gmail.com

EMANOELLA DELFINO FIGUEIRÊDO REINALDO

Graduada em Gestão Ambiental pela Universidade do Estado do Rio Grande do Norte (UERN). Mestre em Ciências Naturais pela UERN.
E-mail: emanoelladelfino@hotmail.com

FERNANDA RÍZIA FERNANDES ROCHA

Bacharel em Ciência e Tecnologia e Engenheira Agrícola e Ambiental pela Universidade Federal Rural do Semiárido. Mestre em Ciências Naturais pela Universidade do Estado do Rio Grande do Norte.
E-mail: fernanda_rizia@hotmail.com

GABRIELA BIELEFELD NARDOTO

Professora do Departamento de Ecologia, Instituto de Ciências Biológicas, Universidade de Brasília (UnB). Mestre em Ecologia pela UnB. Doutora em Ecologia Aplicada pela Universidade de São Paulo. Atualmente, exerce o cargo de membro permanente do PPG-Ecologia e PPG-Ciências Ambientais, ambos da UnB.
E-mail: gbnardoto@gmail.com

JOÃO VICTOR DA COSTA PRAXEDES

Graduado em Gestão Ambiental pela Universidade do Estado do Rio Grande do Norte. Pesquisador em educação para saúde, hortas agroecológicas comunitária e escolar, soberania alimentar e meio ambiente.
E-mail: victorcosta_praxedes@hotmail.com

LUIZ HUMBERTO DA SILVA

Engenheiro Agrônomo pela Escola Superior de Agricultura de Mossoró (ESAM). Mestrando em Estudos Ambientais pela Universidad de Ciencias Empresariales y Sociales (UCES). Assistente de projeto da Organização das Nações Unidas para Alimentação e Agricultura (FAO).
E-mail: lhumberto2013@gmail.com

MÁRCIA REGINA FARIAS DA SILVA

Professora do Departamento de Gestão Ambiental da Universidade do Estado do Rio Grande do Norte, onde atua no Curso de Gestão Ambiental e no Programa de Pós-Graduação em Geografia. Mestre em Ecologia de Agroecossistemas pela Escola Superior de Agricultura Luiz de Queiroz da Universidade de São Paulo (ESALQ/USP). Doutora em Ecologia Aplicada pela ESALQ/USP.
E-mail: marciaregina@uern.br

MARIA DA CONCEIÇÃO FARIAS DA SILVA GURGEL DUTRA

Bacharel em Direito. Professora da Universidade Federal da Paraíba (*campus* III Bananeiras), onde atua no Departamento de Educação. Mestre e Doutora em Educação pela Universidade Federal do Rio Grande do Norte. E-mail: concefarias@gmail.com

MARIA ELISA DE PAULA EDUARDO GARAVELLO

Professora Sênior na Escola Superior de Agricultura Luiz de Queiroz da Universidade de São Paulo (ESALQ/USP), onde atua como pesquisadora no Programa de Pós-Graduação Interunidades em Ecologia Aplicada. Mestre em Sociologia Rural pela ESALQ/USP e doutora em Antropologia Social pela Faculdade de Filosofia, Letras e Ciências Humanas da USP. Atua na área de Ambiente e Sociedade.
E-mail: mepegara@usp.br

MARLENE YARA TENÓRIO SOARES

Graduada em Gestão Ambiental pela Universidade do Estado do Rio Grande do Norte (UERN). Mestre em Geografia pela UERN. Doutoranda em Desenvolvimento e Meio Ambiente – PRODEMA, Universidade Federal Rural do Semi-Árido. Pesquisadora em gestão dos recursos naturais, unidades de conservação, educação para saúde e meio ambiente.
E-mail: marlene.soares@alunos.ufersa.edu.br

NILDO DA SILVA DIAS

Professor da Universidade Federal Rural do Semiárido (UFERSA), onde atua no Programa de Pós-Graduação em Fitotecnia. Doutor em Agronomia pela Escola Superior de Agricultura Luiz de Queiroz da Universidade de São Paulo. Bolsista de Produtividade em Pesquisa Nível 1A, do CNPq.
E-mail: nildo@ufersa.edu.br

REGINA CLEANE MARROCOS

Bacharel em Gestão Ambiental pela Universidade do Estado do Rio Grande do Norte. Mestre em Tecnologia e Gestão Ambiental pelo Instituto Federal de Educação, Ciência e Tecnologia do Ceará.
E-mail: reginacleane@hotmail.com

SÓSTENES FERNANDES DE BARROS

Bacharel em Gestão Ambiental pela Universidade do Estado do Rio Grande do Norte.
E-mail: sostenes-fb@hotmail.com

Este livro foi composto com a tipografia
Adobe Garamond Pro e Gobold Thin Light.
Lançado em junho de 2024
pela Editora Livraria da Física.